地球のはしからはしまで走って考えたこと

アドベンチャーランナー
北田雄夫

集英社

GOBI MARCH 2014

THE TRACK
22
CONTINENTAL
CHALLENGE
CANAL-AVENTURE.COM

20

KINDAI
SAHARA
111

17

452

STORE
FRIDAY

Tuscobia State Trail
Open for:
Closed for:

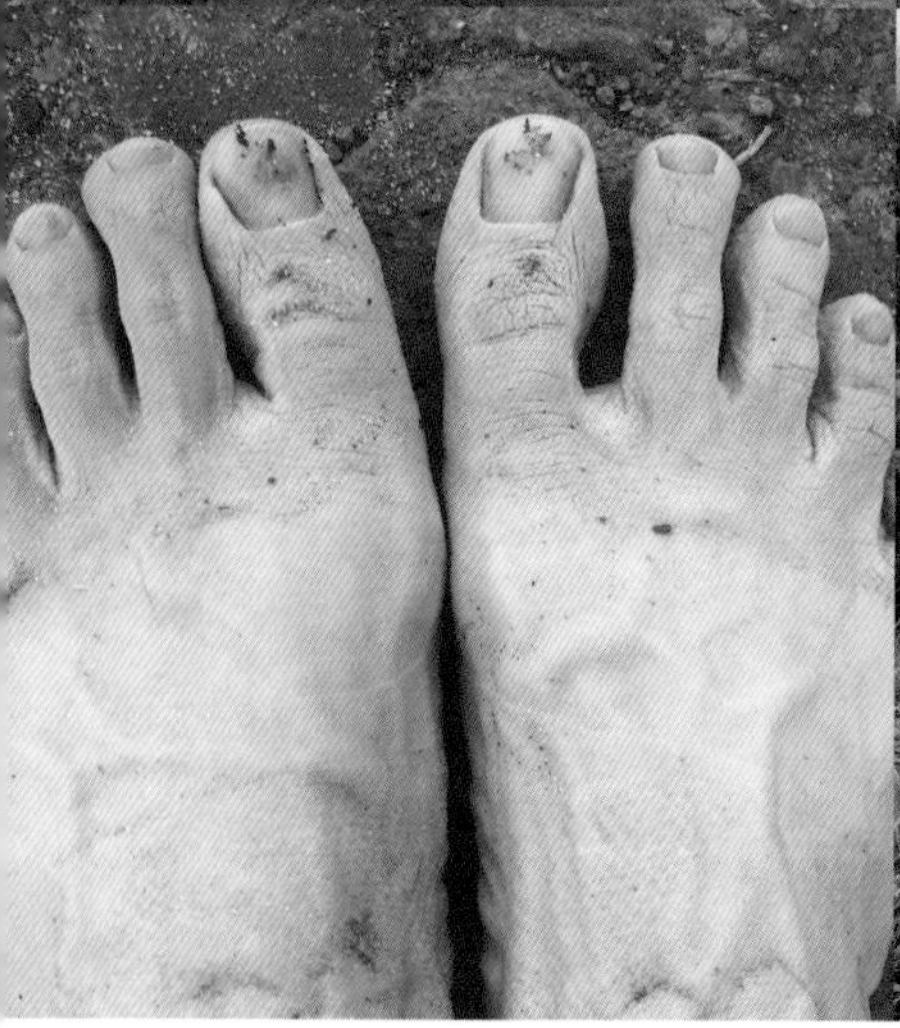

はじめに

なぜ、僕は会社を辞めてまで地球を走ることにしたのか

この人生を前人未到の物語にしたい。いつからかそんなことを考えていた。

僕は幼いころから活発で怖いもの知らず……だったわけではなく、むしろおとなしい小心者の子どもだった。寝坊して学校に遅刻するだけで、人目が気になって泣きじゃくる。授業中に発言する時は緊張のあまり声が裏返りそうになる。それほど気が弱く、一歩を踏み出すことに怯《おび》え続けていた。

そんな僕だったが、唯一大好きだった（自信があった）ことがある。かけっこ、だ。中学から陸上競技を始めると、運良く指導者とメンバーに恵まれ、大学卒業までの10年間、成績を伸ばし続けることができた。そのたびに成長の喜びがあり、新たな出会いがあり、見たことのない景色が広がっていった。

いつまでもこんな喜びを感じ続けたい。そう思って、卒業後は会社員として陸上に似

た景色を追い求めたが、なかなか夢中になれる場を見出せず、悶々《もんもん》とした日々が続いた。

どこかに自分が燃焼できる場があるのではないか。

どこかに自分にしかできないことがあるのではないか。

だが答えは簡単には見つからず、30歳になるまで8年間探し続けた。そしてようやく見つけたのが〝アドベンチャーマラソン〟という道だった。世間では名も知られていない超マイナースポーツ。プロがいるわけではないし、賞金もない。でも僕は誰もやっていないからこそ、そこに大きな魅力と可能性を感じた。何かに挑戦しないと生きていけなかった。

世界に挑むなら、中途半端では戦えない。退路を断たないときっと挫折する。そう思って、当時勤めていた会社を退職し、コツコツ貯金してきた１０００万円を元手に人生をかけた勝負をすることにした。

もちろん現実は甘くない。周囲からは理解されない。評価されることもない。人に話をすれば、それをやってどうなるの？　どうやって生活するの？　結局、何がしたいの？　そんなことばかり聞かれた。何も示せるものがない僕は、それがつらかった。でも、この道にはきっと未来がある。大きな可能性がある。そう信じて進み続けた。

そうしてアドベンチャーマラソンの世界に飛び込んで7年。今の僕には、地球の果てで見た絶景がある。ゴール後に感じた生きる喜びがある。現実社会との両立や困難も経験し、それを乗り越えるために考えたこともある。笑える失敗やエピソードもある。それを、赤裸々に綴《つづ》りたい。

今、何かにチャレンジしている人、これから何かにチャレンジしたいと思っている人、様々な理由でチャレンジできない人、そんなみなさんに、人生のすべてをかけて世界中を走り回ってきた景色を贈ります。そのどこかに、少しでもみなさんの力になる、前を向くきっかけとなる景色があったら、これほど嬉《うれ》しいことはありません。

２０２０年10月　北田雄夫

目次

はじめに 17

第1章 僕にはアドベンチャーマラソンしかない！

［2013年］日本最高峰の「五島長崎国際トライアスロン大会」226キロ

北田、会社やめるってよ！ 28
スタート前に溺れかけた初トライアスロン 34
初めて「キング」になった達成感 37
アドベンチャーマラソン発見！ 43

第2章 犬とどん兵衛と少年ジャンプと

［2014年］中国の砂漠「ゴビ・マーチ」250キロ

恐竜の卵の化石が発掘された砂漠 50
アドベンチャーマラソンの定義 51
過酷なレースを楽しむランナーたちの食事事情 59
7大陸走破への最初のスタート 62
トラブル発生！　まさかのテント浸水 66
大失敗した「五目ごはん」と「どん兵衛」 72
日の丸を掲げての初ゴール！ 76

第3章　初めての幻覚！　そして最後に「愛は勝つ」

［２０１５年］オーストラリアの荒野「ザ・トラック」５２１キロ

日本人初参加のオーストラリア大陸のレース　86
固定収入のないアルバイト生活　90
12ケ国24名のライバルたちとの戦い　93
成長を実感した前半5日間、２２０キロ　97
最終日の最難関１３２キロで幻覚を見る　102

第4章　ファースト・ペンギン

［２０１６年］南極の氷雪「ザ・ラスト・デザート」２５０キロ

初めての南極、初めてのチーム戦　116
豪華なクルーズ船と南極大陸上陸!?　120
チーム戦の難しさとそこから得たもの　125
南極大陸走破はペンギンとともに　131
帰国後の会社員生活は今に活きる　136

第5章 達成！ 日本人初の7大陸走破！

〔２０１７年〕モザンビークのサバンナ「ウルトラ・アフリカ・レース」２２０キロ

クラウドファンディングにも挑戦 142

最後のアフリカ、最強のライバル 144

最強のライバルたちに食らいつけ！ 149

夢にまでみた7大陸走破と両親への感謝 157

憧れの「情熱大陸」出演は乳首とともに 164

第6章 新時代のプロアスリートを目指して

〔２０１８年〕フランスのピレネー山脈「トランス・ピレネー」８６６キロ

目指すは世界4大極地レース走破 174

ピレネー山脈横断のレースがまさかの中止!? 177

自主レースでピレネー山脈横断に挑む！ 182

力と技術と知恵を出し切って限界を乗り越える喜び 190

たどり着いた大西洋と全治1年半の大けが 196

「前例のないプロアスリート」を目標にプロ転向 199

挑戦を共有するアドベンチャークラブ 204

第7章 4大極地最高峰レース走破の旅へ

〔2019年〕モーリタニアのサハラ砂漠「ラ・ワンサウザンド」1000キロ

ジャングルに砂漠、最高峰レースへの挑戦スタート　210
サハラ砂漠に向けた〝北田的3大人体実験〟　212
力強いパートナーとの出会い　216
世界遺産の街シンゲッティへ　219
ハプニングは砂漠のように続く　228
気温は45℃！　熱中症と腹痛との戦い　237
「命とゴール」を天秤にかけ迅速に的確に判断する　245
まさか食料がないなんて！　そしてゴール　252

第8章 見えない極地「新型コロナウイルス」との戦い

〔2020年〕ネパールのヒマラヤ山脈「ヒマル・レース」850キロ

最大の挑戦ヒマラヤ山脈と新型コロナウイルス　262
新型コロナ禍でも挑戦し続けることはできる　268
地球のはしからはしまで走って考えたこと　276

おわりに　281

著者が挑戦した世界中のレースを読者のみなさまに共有いただきたく、1章をのぞく章末にレース動画のQRコードを掲載しています。ぜひご覧ください。本書がより楽しくなります。

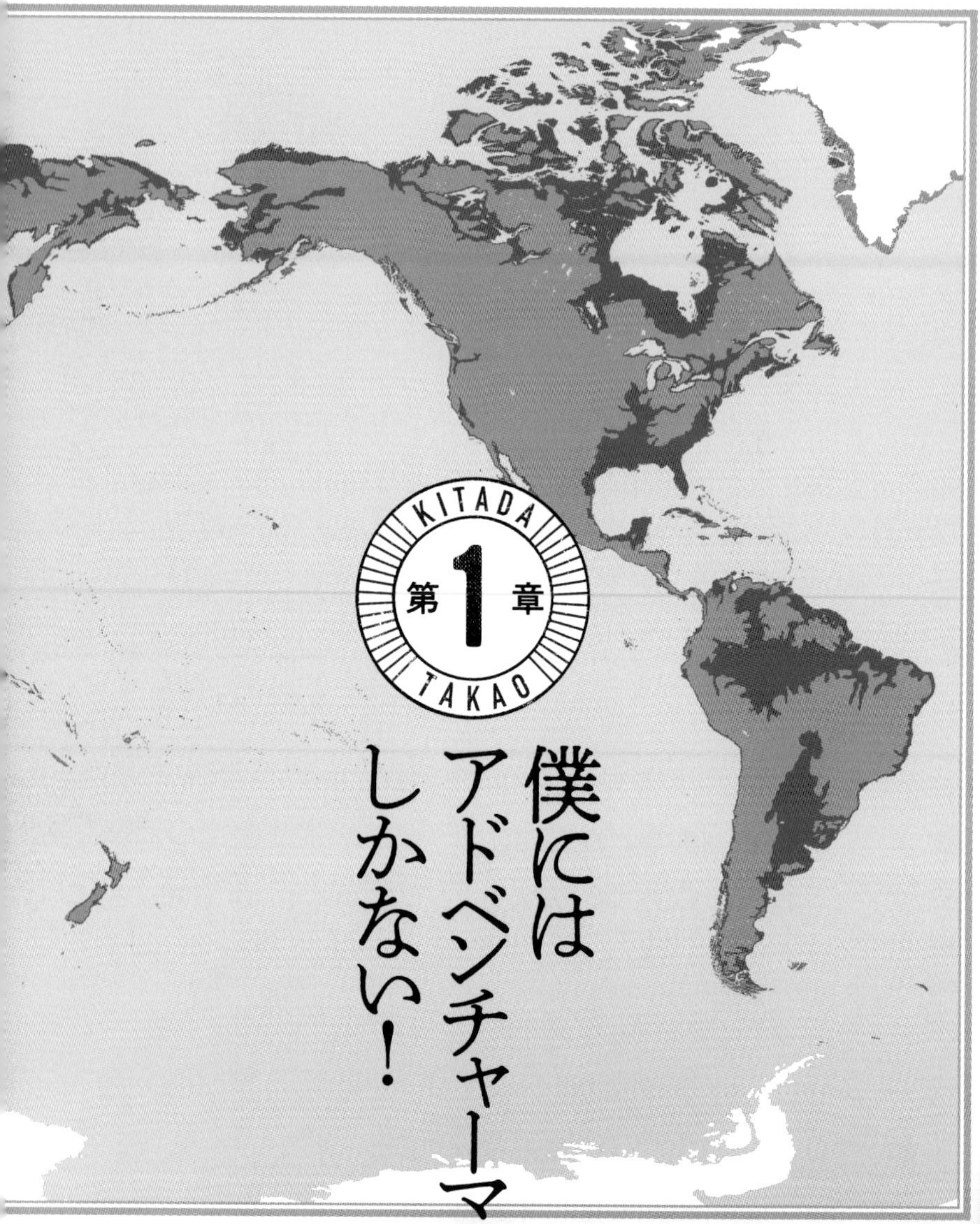

KITADA 第1章 TAKAO

僕には アドベンチャーマラソン しかない！

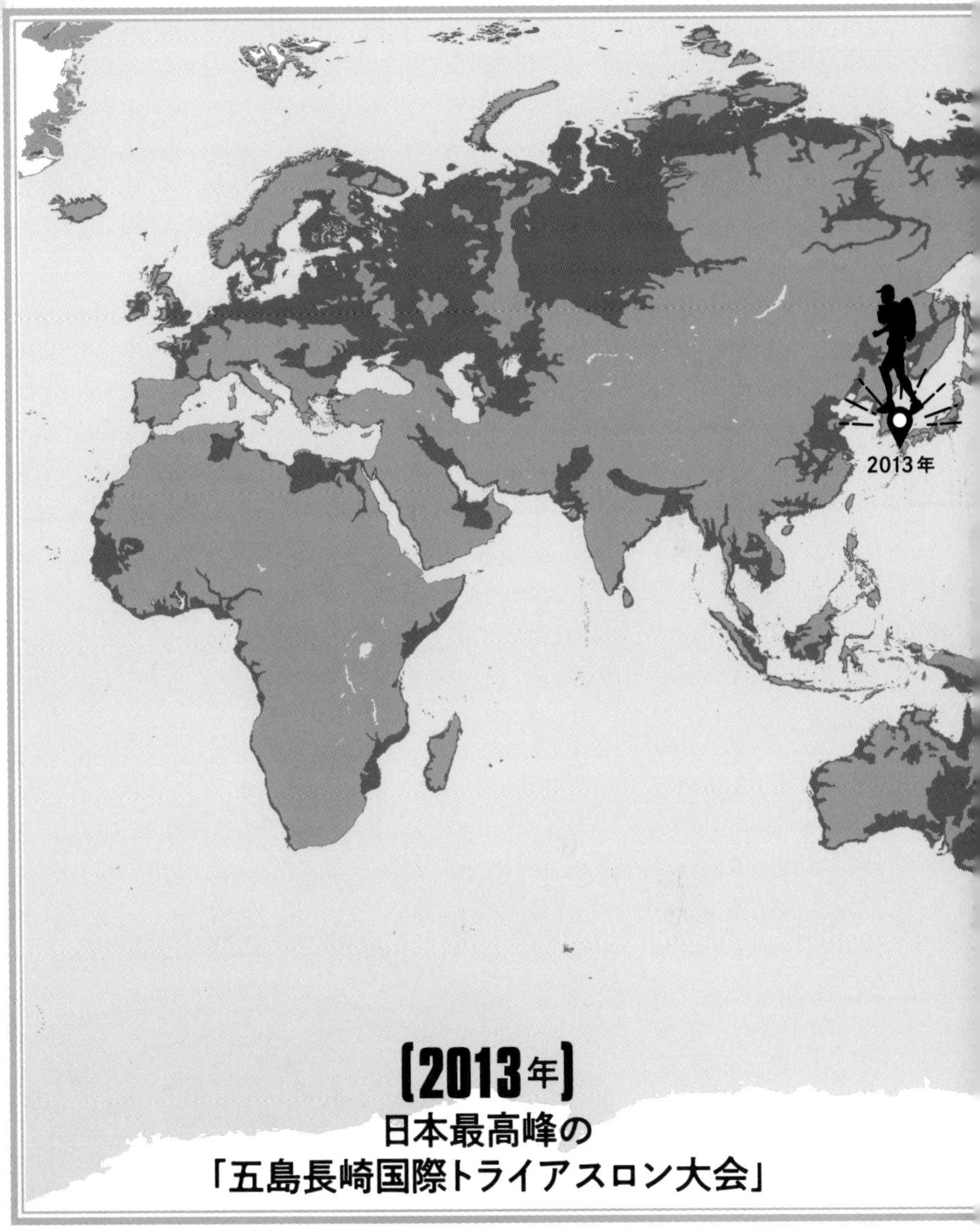

【2013年】
日本最高峰の
「五島長崎国際トライアスロン大会」

226km

北田、会社やめるってよ！

２００６年４月、大学を卒業し、中堅のセールスプロモーション会社に就職した。

在学中は、華やかなイメージのある大手広告代理店を志望していたが、エントリー時に志望理由や自己ＰＲなどを大量に書かされることに嫌気がさし、諦めた。背伸びせず、今いる場所から地道にステップアップしていくのが自分に合っている。そう自分に言い聞かせて就職先を決めた。言い訳だ。実際は競争の激しい世界へ飛び込む勇気がなかったのだ。

入社後に配属されたのは希望のプロモーションに関わる部署ではなく、食品容器の営業職だった。毎日覚えることが山ほどあり、学生気分が残る僕は社会の厳しさを知った。毎日叱られながら仕事を覚えた。そうして２年４ヶ月が過ぎ、少しは仕事もできるようになり、同期や上司、顧客にも恵まれた充実した日々を過ごしていた２００８年８月ごろ。ふと、どこか物足りなさを感じている自分に気がついた。

「……今、自分は燃えてるか？」

気がつけば目標を見失っていた。人生のことを深く考えることもせず、ただ日々が過ぎ去っていた。僕が思い描いていた人生はこれではない。何かに熱中したい。もっと生きている実感がほしい。陸上競技に青春をかけた10年間を思い出していた。

中学から大学までの10年間は陸上競技で上りつめることだけを考えてきた。中学3年で400メートル堺《さかい》市5位となり、高校3年ではインターハイの大阪予選5位。決して全国クラスの選手ではなかったが、運良くスポーツ推薦で近畿大学に入ることができた。だが大学には全国から猛者《もさ》たちが集まり、最下位の成績だった僕は練習にまともについていけない。それでもここで勝ち抜くため、週5日の全体練習をこなし、残る2日も自主トレーニングに励む。時にはぶっ倒れ、吐いた。そんな状態でも居残り練習をしたこともある。そうしてなんとか先輩やまわりの選手に食らいついていった。親に援助してもらいながら、競技の妨げになるアルバイトや遊びはせず、学生生活のすべてを陸上に注いだ。その結果が3～4年時に実る。4×400メートルリレーの選手に選ばれ、関西インターカレッジと西日本インターカレッジで優勝！　日本選手権では3位になることができた。最高の達成感だった。やりきった。だから競技から引退することに後悔はなかった。

苦労は多かった。でも、生きている喜びがあった。今はどうか。やはり僕は、あの陸上にかけた10年のように何かに夢中になって生きたい！　やるからには上を目指し活躍したい！

だが、ブランクのある僕が再び短距離の世界で戦うことはまず不可能だ。ましてや、オリンピックなど世界で活躍できる可能性は限りなくゼロだ。それは生活のすべてをかけてまでやった10年でさすがに理解できている。では、どうすればいい？　答えは出なかった。それでも、この気持ちのままではダメなことだけはわかっていた。勇気を振り絞り、まず環境を変えることだけは決めた。それが〝会社を退職すること〟と〝フルマラソン〟を走ることだった。


２００８年12月10日。無職となった翌々週。僕はホノルルマラソンに出場した。退職前は不安でたまらなかったが、いざ仕事がなくなると、小心者の僕でも開き直れるものである。先々の不安はすっかり忘れ、日本を旅立った。陸上競技出身として、一生に一度はフルマラソンを走っておきたい、そんな思いだけだった。目標は完走。時間制限のないホノルルマラソンなら完走できる自信はあったので、練習は2ヶ月ほど、週に1回10キロを走った程度だった。

初のフルマラソン当日。朝3時にアメリカンサイズの大きなハンバーガーを2個たいらげる。エネルギーをたくさん摂らねば！と思ったのだが、これは単なる食べすぎだ。母校近大のユニフォームを着てスタート地点へと向かう。

5時。夜明け前の号砲とともに大きな花火が上がり、沿道からはたくさんの声援。初めてのフルマラソンはまさにお祭りだった。長距離のペースも何もわからない僕は、とにかく無理せず楽しもうと思って走った。20キロを過ぎ、徐々に足の痛みは増していったが、ホノルルマラソンならではの和やかな雰囲気に助けられて無事にフィニッシュ。4時間43分だった。正直、日本選手権出場経験のある陸上経験者というには恥ずかしいタイムだ。もう少し速く走れればという期待はあったものの、さすがに週1回のジョグ程度の練習量では到底無理だった。走り出しからおなかもパンパンだったし。だが、それでもゴール後、僕の目にはすべてのものがキラキラと輝いて映り、今まで見たことのない景色が広がっていた。それは競技場内で1分以内で終わる400メートル走になかったものだ。長時間、足の痛みや、やめたいというつらい気持ちと向き合いながら進み続けるからこそ得られた大きなごほうびだった。人生で初めて42・195キロを走った後の喜びを知った。

そこから本格的にマラソンにはまった、わけではない。その逆で、瞬発系の短距離走に特化してきた僕には、やはり持久系のマラソンでは活躍できないとわかったのだ。短距離走では数秒～数十秒で爆発的な力だけを追い求める。そのため体重が重くなってでも、瞬発力のある速筋を鍛えパワーを発揮できればいい。だが持久系のマラソンでは真逆になる。速筋は持久力が乏しいので有効に使えず、重たい筋肉は負担になるだけなのだ。持久力に長《た》けた遅筋こそが必要になるのだが、速筋と遅筋の割合については遺伝要素が強いと言われており、さらに短距離走に特化してきた僕の身体は持久系スポーツには不向きなのだ。

だからマラソン以外に夢中になれるものを探すことにした。退職をした僕に守るものはない。やろうと思えばなんでもできる。だが、この時の僕には、自分で独り立ちして仕事をやっていく度胸はやっぱりなかった。そこで、年明けの1月から、再就職先を探し始めた。50社以上にエントリーし面接の末に出会ったのが大手化学メーカー。素材を多業界へ届ける世の中への影響度が大きい仕事ができること、北米や欧州やアジアなどの海外事業展開により世界的な視野を得られること、残業も少なく、完全週休2日によりオフの時間を作りやすいこと、その3点から選んだ。5月から新たな勤務が始まり、仕事に慣れていくうちに時間の調整もつけられるようになった。

そこで偶然出会ったのがトライアスロンだった。大学陸上部のOB会で出会った木庭《きにわ》和彦先輩がトライアスロンをしており、30歳を超えても都道府県代表選手として国体にも出場されていた。木庭さんは学生時代は長距離選手で、27歳からトライアスロンを始めたらしい。競技を引退してから種目を変えて活躍しているなんて！　さらに30歳を過ぎても全国レベルで戦っているなんて！　その姿がめちゃくちゃカッコよかった。

長距離走は苦手だったが、基本的に楽観的な僕は自転車（バイク）もあるからなんとかなるんじゃないかと思った。まわりでも誰もやってなかったので、自分も先輩のようにかっこよくなればチヤホヤされるかもしれない、そんなとてもアスリートとは言えない、不純な動機も実は大きかった。

だが長距離よりもダメなものがあった。水泳だ。小学校では授業についていけず夏休みの補習に通っていたし、中高でもずっと苦手だった。もしかして泳げるようになってるかも？なんて淡い期待もしたが、そんなことあるわけがない。スイマーが聞いたら、水泳を舐めるな！と言われるだろう。７年ぶりに泳ぐと25メートルで息があがる。50メートルも泳ぐと、もう溺れかけている。とにかく体が沈んで、息継ぎがうまくできないのだ。さすがにこれはまずいと、水泳が得意な友人に教えてもらいながら、毎週プールに通い特訓した。横では母世代のおばさまたちが気持ちよさそうにスイスイと泳いでいる。一方の僕は、大きな音をバシャバシャたてた無駄しかないブサイクな姿。泳げない自分を恨んだ。それでも４ヶ月間通い続けて、なんとか７５０メートルを泳げるまでになった。

　これならいける！　僕はトライアスロンに挑戦することを決意した。これがまた楽観的な勘違いだったとも知らずに。

スタート前に溺れかけた初トライアスロン

　２０１０年7月25日。地元の「大阪国際トライアスロン舞洲《まいしま》大会」が海で泳ぐ僕の初トライアスロンになった。スイム７５０メートル、バイク23キロ、ラン５キロの大会だ。

この日のためにウエットスーツやロードバイクなどトライアスロンに必要なアイテムを見よう見まねで一式揃《そろ》えた。たとえばロードバイクだけで言っても、トップアスリートは100万円以上、一般の選手でも10~20万円以上のバイクに乗るのがトライアスロンの世界だ。それに対して僕のバイクは6万5000円のアウトレットセール品だ。まずはやってみないとわからない。原始的だが、物に頼らず勝負してみたい主義なのだ。だが、この価格差はレースで大きな影響があることを、のちに思い知る。

レース当日は雲ひとつない快晴。だが海は深緑色。お世辞にも大阪の埋立地に面する海は綺麗とは言えない。合図とともにスタート地点となる海へと一斉に入水していった。海上にある2個のブイ（浮き）の間にロープが張られており、そこがスタートラインだ。トップ選手は中央部から並んでいき、ビギナーははしっこに並んだ。だが、並んでから30秒、1分が過ぎても、スタートの合図にならない。立ち泳ぎのできない僕は海に浮かんでいるだけで必死！　あとで知ることになるのだが入水合図から3分間、選手が会場で整列する時間が設けられていたのだ。そんなことさえ知らなかった自分を責めることもできない。なぜならもう溺れかけていたのだから！

手足はすでにパンパン。激しく息があがる。そしてここはプールではない。海には波がある。波に打たれて深緑色のまずい大阪の海水を何度も飲んでいる。早く！　早く！　スタートしてくれ！

ようやく号砲が鳴り響き、スタート前に溺れることだけは免れたが、もう力は残っていなかった。泳ぎ始めるも、もうひとレースを終えたかのようだ。脈拍は異常に速い。振り出す腕は重い、足はつりそうになる。そして濁った海水は視界がほとんどない。まっすぐに進めない僕はあさっての方向へ泳いでいた。

時折、顔を上げて進行方向を確認しようとするが、慣れない波のせいで確認できない。何度も顔を上げ進行方向の調整を試みるが、選手たちの群れからは離れていく。焦る。酸素が足りなくなる。手足が動かない。ついに海中へ沈みそうになったその時！　側にライフセーバーが見えた。僕は必死に彼のボートにしがみついた。スタート前から溺れかけている選手を見逃すわけはなかったのだろう。実はつきっきりで救助態勢をしいてくれていたのだ。その後はライフセーバーと二人三脚。この安心感に力を得た僕はゴールに向かって泳ぐ。そうして、トップの選手はわずか12分ほどで泳いだ７５０メートルを、31分かけてどうにかゴールへとたどり着いたのだった。大人になって、これほど死ぬ思いをしたことはない。でも、苦手だったこと、できないことができるようになること。

それは大人になっても、いや大人だからこそ嬉《うれ》しい。51人中38位でゴールを果たした。

この経験はのちにアドベンチャーランナーとなる僕にとってとても大きかった。大人になれば、それまでの人生経験から、ある程度はできること、できないことの判別がつくものだ。そう僕も思っていた。でも、それは嘘《うそ》だ。年齢を重ねて体力が落ちたから、練習時間がないから、子どものときできなかったし才能がないから、などは言い訳なのだ。僕はこの舞洲溺死寸前トライアスロンで、そんな学びを得た。

初めて「キング」になった達成感

悪夢の初トライアスロンから3年間、僕は練習を積み重ね、３・８キロを泳げるようになっていた。人間どれだけ不得意なことでも、続ければ上達するものだ。練習に通う市民プールでは、あの華麗なおばさまスイマーたちより、速くなめらかに泳げるようになっていた。

次の目標は定まった。２０１３年６月、20代最後となるタイミングに国内最高峰のトライアスロン「五島長崎国際トライアスロン大会」、通称「バラモンキング」に挑戦することにした。

舞台は長崎県五島列島の福江島。スイム３・８キロ、バイク１８０キロ、ラン４２・２キロの合計２２６キロを、制限時間15時間以内でゴールする。これが「アイアンマンディスタンス（鉄人レース）」と言われており、このレースを完走すれば「バラモンキング」の称号を得ることができる。

レースに向けて、バイクは毎週末、南大阪のサイクリングロードを50〜１００キロ走り、ランは平日夜に10〜20キロ、スイムは出張先でもプールを探して練習した。仕事の合間を縫って、毎週3〜5日をトレーニングに費やした。ホノルルマラソン前の僕とは違う！

道具も新調した。さすがに３年前にセールで買った初心者用ロードバイクでは、性能不足で不安のため、中級者用を買った。とはいえ、もちろん12万円のセール品だ。ウエットスーツも実はトライアスロン用ではなくサーフィン用で、無駄に分厚くて袖があり、とても泳ぎづらかったのだが、お金もない。これは我慢した。

6月23日。雨風なく、少し曇り空の絶好のレース日和となった。午前3時に起床し、おにぎりとバームクーヘンを食べた。ホノルルのときのように、もうハンバーガー２個は食べない。スタート会場へ。すでに多くの選手たちが集まっており、自転車のセッティングやウォーミングアップに余念がない。僕もレースのシミュレーションを頭の中で行う。

まず最初にして最大の難関、スイム３・８キロ。今回は１・９キロを２周する周回コースなので半分で陸に上がり、ひと息つける。「ここはなんとかクリア」作戦だ。練習の成果を出せば大丈夫。焦らず後方からスタートして、ゆったりと泳ぎ続けよう。

いよいよスタート。６００名を超える選手が、海に面して並んだ。これから10時間以上におよぶ僕史上最長のレースが始まる。水温は少し低く冷たいが、動けば体は温かくなりそうだ。水中では他の選手たちとぶつかり合うも、問題なく進んでいく。３年間の練習の成果はあり、今ではどうにか大きく曲がることなく泳ぐこともできていた。無理せず着実に。そう言い聞かせ続け、１周目の１・９キロを50分ほどで終えた。前回は７５０メートルを31分だったのだから我ながらすごい進歩だ。もちろん、ほとんどの選手は僕の前にいる。でもまだ少し後ろにもいる。スイムの制限時間は２時間20分。残り１時間30分ある。このままいけば大丈夫。ひと呼吸ついてから、２周目の海へと飛び込んでいった。腕はずいぶん重くなっているが無理せず、この後に待ち受けるバイクとランに向けて、なるべく足は使わず温存した。３・８キロを終えた。１時間39分、５２１番だったが、自分の成長を実感でき自信を持てた。

次は一番得意なバイクパートだ。そう、自分でも意外だったのだが、舞洲からこれまで７回挑戦したトライアスロンでも僕はバイクパートの順位が一番いいのだ。安いセール品のバイクでもそうなのだから、もしかすると、走るより自転車のほうが才能があるのかもしれない、などと調子のりの僕はいつもそんなことを考えていた。自転車はギア比を重くすると、短距離で鍛えた速筋系筋肉が活かしやすいことが理由なのかもしれない。適度なアップダウンがあると、短距離ダッシュと休憩のインターバル走のようにもなるので、疲れた筋肉を回復する時間も調整できる。

アップダウンの多いコースではあったが、今や世界遺産となった五島列島ならではの美しい海、まっすぐ伸びる道、心地よい風が吹くコースは最高だった。１８０キロを７時間４分で走り終えた。この区間で１５２人抜いて、順位は３６９位まで上がっていた。

順調にきている。だが、ここで未知なるアイアンマンレースの本当の過酷さを知る。ラストのランに向け着替えを済ませ、エナジーゼリーを摂ろうとしたときだ。体が受けつけない！　ここまでスイム、バイクと約９時間を動き続け、その間に摂り続けていたゼリーに体が飽きて拒否反応を示していたのだ。もしかしたらみなさんには理解できないかもしれない。レースに必要な栄養補給のために摂る食事で、しかも食べやすいはずのゼリーだ。でも本当に食べられないのだ。仕方なくエイドステーションに置いてあったバナナを食べるが、バナナは飲み込むのが苦しい。ゴールまで6時間少し。

ランは、往復約21キロのコースを2周。フルマラソン相当の距離だ。上位選手とすれ違う。やはりみな速い。バイクで脚力を使い果たし力の残っていない僕は、とにかくマイペース、そう言い聞かせながら進んでいった。そこで僕の力になったのは沿道のおばあちゃんからの声援だった。

「走りに来てくれて、ありがとう」

涙が出た。レースでお邪魔している自分こそお礼をする側なのに、そんな感謝の言葉をもらえるなんて。すごく心に響いた。応援の力は嘘ではないのだ。この声援に力をもらった僕は、10キロ、20キロと順調に進むことができた。あと半分、21キロで終わりだ。

だが本当の試練はここからだった。スタートから11時間、ついに体力が底をつき極度の低血糖状態であるハンガーノックになった。レース経験に乏しい僕は、ゼリーやバナナに飽きて栄養補給がうまくできていなかったのだ。おにぎりやからあげをひとつでも準備しておけば。そう悔やんでも遅い。僕の肉体はたとえるなら、ギュギュッと全力で絞り、からからに乾いた雑巾のような状態だった。それでもそこからまだ絞り出して滲《にじ》み出てくるわずかなエネルギーの一滴を使うしかなかった。足に力は入らず、ペースは極端に落ち、歩いているかと思うほどに遅くなっていった。このままではゴールが危うい。何度も何度も距離と時間を計算する。大丈夫だと思っていたことが崩れると、一気に心も不安定になっていく。初めて訪れた未知の事態。なんとか体力が戻れば。

しかしこうなると回復させる術というのはほぼない。ただ前に進むことだけだ。夜も更けて、何人に追い抜かれたかはわからない。とにかくゴールする。それだけだ。そして、ついにゴール地点の明かりが見えた。あと数キロ。これまで3年間トレーニングを積み重ねてきた。苦手だった水泳に向き合い、不得意だった長距離走にも取り組み続けてきた。その努力と時間が少しでも意味のあったものだと証明したい。ゴールが見えた。最後は１００メートルほどの赤い絨毯《じゅうたん》の上を、両脇から声援を受けながら走る。最高だ。疲れが吹き飛ぶ。走る。最後はテープを両手で持ち上げゴール。喜びをかみしめた。短距離走ともフルマラソンともまた違う、壮大な旅を終えたような達成感と充実感があった。ランを5時間43分で走り終えた僕の総合結果は14時間27分の４３５位だった。

社会人になってから7年間、ずっと心の奥底には「過去の栄光」がつきまとっていたのだと思う。僕は日本で3位になったんだ。だから次に目指すのはどんなことでも日本一であり、さらにその先の世界だ。だが、そんな高い理想はあるものの、何をやっても現実は理想からは遠くかけ離れている。理想にたどり着きそうな気配は全くない。過去の自分が、いちから泥臭く進もうとする自分の邪魔をする。ただ、僕は悩みながら、自分の奥底にいる自分とぶつかりながら、7年間試行錯誤することで、ようやく過去の自分と決別し、大きな一歩を踏み出すことができた。

結果と順位は大したことはないかもしれない。でも人生で初めて14時間もぶっ通しで戦い続けることができた。435位でも「バラモンキング」だ。そう、王様の称号を手にすることができたのだ。僕の戦いは、単純な順位での1位だけではないのだ。

アドベンチャーマラソン発見!

「バラモンキング」に挑むちょうど1ヶ月前。仕事途中に立ち寄ったコンビニの新聞で見つけた「三浦雄一郎、80歳にてエベレスト登頂」というニュースが僕の心を貫いていた。

気がつけばそのニュースが掲載されているすべての新聞を買って、食い入るように読んでいた。「僕も三浦さんのように世界に挑みたい！」、「人間の限界に挑んでみたい！」、そんな熱い思いが僕の胸の奥で沸き起こっていた。

無事、レースを完走し自信をつけた僕は、次なる目標を探した。

まず、「ウルトラマンレース」を考えた。この前が「鉄人」なら次は「超人」というわけだ。「ウルトラマンレース」はスイム10キロ、バイク４２０キロ、ラン84キロを３日間かけて行うもので、カナダやアメリカのフロリダなどで行われる同距離の予選会を通過すると、ハワイでの世界選手権に出場できるようだ。しばらくの間、このレースに参加するか悩みながら他にも誰もやっていないレースはないかと探してみると、ウルトラマンよりもさらに距離の長い、「アイアンマン」の10倍のレース「デカトライアスロン」があった！

スイム38キロ、バイク１８００キロ、ラン４２２キロ……ここまでくるともうわけがわからない。スイムはプールをひたすら往復し、バイクは１・８キロのトラックを１０００周するのだそうだ。そんな超人レースに猛烈に興味を持ったが、調べるとすでに日本人では中山嘉《よし》太《た》郎《ろう》さんが約12日という記録で完走されていた。前人未到の初挑戦が目的のひとつであるため、僕の意欲は激減し、そのステップとなるはずだったウルトラマンレースへの気持ちも萎えてしまった。

その後、「誰もやってない　スポーツ」「珍しい　スポーツ」「過酷　スポーツ」などと検索をして出会ったのが「アドベンチャーマラソン」だった。目に飛び込んできたのは、道も何もない砂漠の中を、日焼けを超えて真っ黒に焦げた人間がひとりリュックを背負い走っている一枚の写真。そこには「気温50℃を超えるサハラ砂漠」「食料や飲み物を背負う」「7日間で250キロ」、「過去には砂漠で10日間遭難したケースもある」など、これまでの常識ではとても〝スポーツ〟とは呼べないような言葉ばかりが並んでいた。衝撃が僕を貫いた。

砂漠を走る!?　遭難!?　救助スタッフはいるの!?　そもそもコースはどうなってるんだ!?　すぐには理解できない。生命の危険さえ感じる内容だが、なぜだかゾクゾク感が止まらない。さらに調べると、あるレースでは参加費だけで約40万円、旅費などを含めると約70万円かかるようだ。賞金はなし。日本にはプロ選手はいない。ほとんど誰にも知られていない超マイナースポーツだ。得られるのは名誉だけ。だから、この道で生きていける人はいない。そんなことがわかった。

翌日、改めて考えた。興奮は一向に冷めていない。このアドベンチャーマラソンの世界に本気で挑みたいという感情が体の底からあふれてきている。その感情が正しいのか思考をめぐらせてみる。世界最大級のスポーツ〝ランニング〟という市場規模、極地に生身ひとつで挑むという話題性、大自然を背景にした圧倒的な絵力、世界各地でレースが増えている将来性、日本人初を狙える希少性、金銭と語学スキルが必要な参入障壁の高さ、上位入賞者は30〜50代という選手生命の長さ、所持品が多いことから関わることのできる商品や業界の広さ、そして短距離から長距離へと繋《つな》がる物語性、こんなにも僕にとって魅力と可能性を秘めている競技はほかにない。社会人になってから燃焼できる場所をずっと探してきた。これだ！　これしかない！　大きな勝負をするなら来年30歳となる今が区切りとしてはベストだ。行くしかない！　やるしかない！

会社勤めの8年間で貯めたお金が約1000万円ある。コツコツと貯蓄してきたのはこの時のためだったんだ。退路を断つ。会社を辞める。全力で挑んで、もしダメならそれでも仕方ない。人生をかけた勝負がしたい！　「自分の人生はこれだ！」と言える道を生きたい！

僕の本当の物語がスタートした。

RESULT

「五島長崎国際トライアスロン大会」

日時：2013年6月23日

場所：長崎県

距離：226キロ（スイム3・8キロ、バイク180キロ、ラン 42・2キロ）

順位：435位（参加者全 634 名）

合計タイム：14 時間 27 分 44 秒

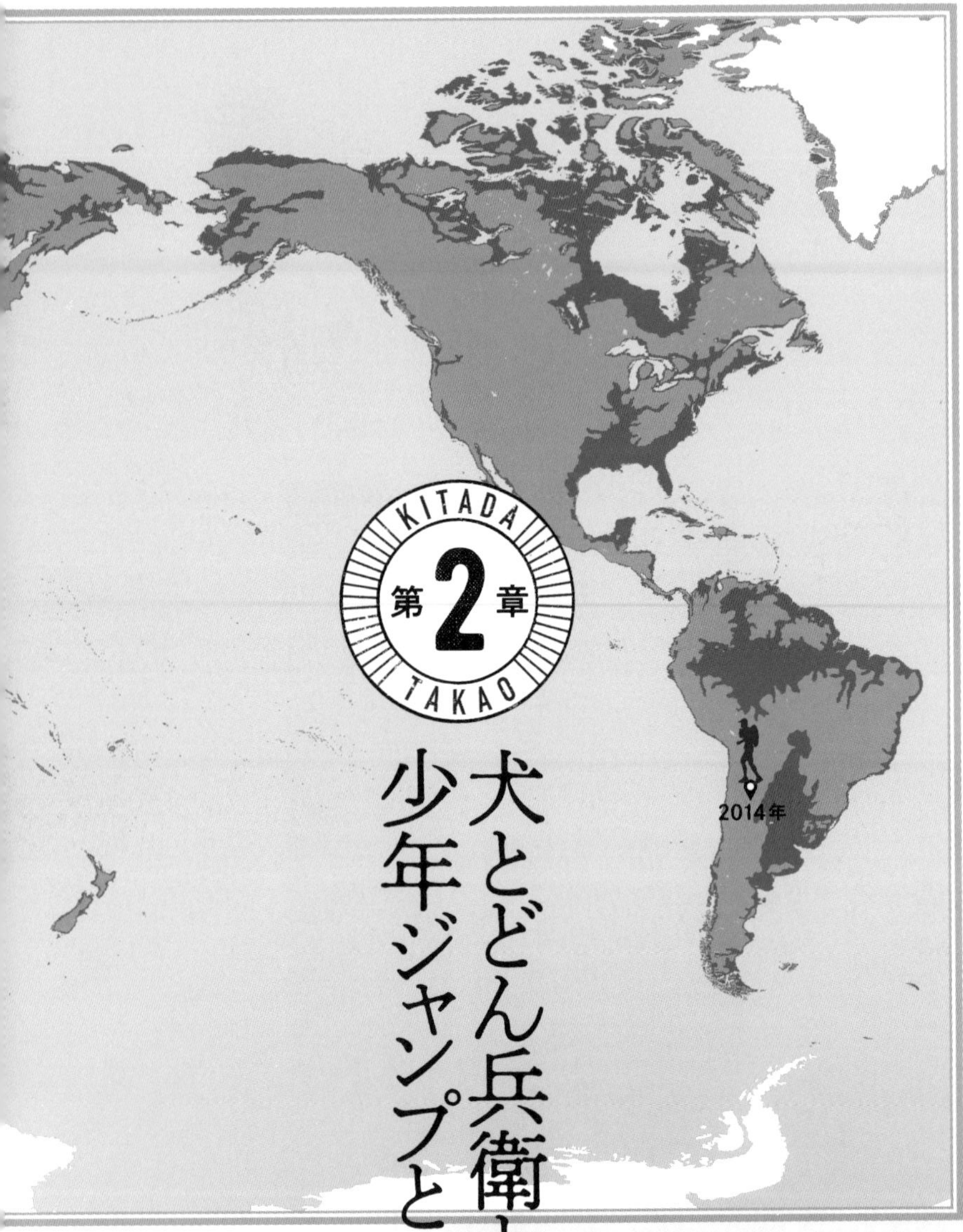

KITADA TAKAO

第2章

犬とどん兵衛と少年ジャンプと

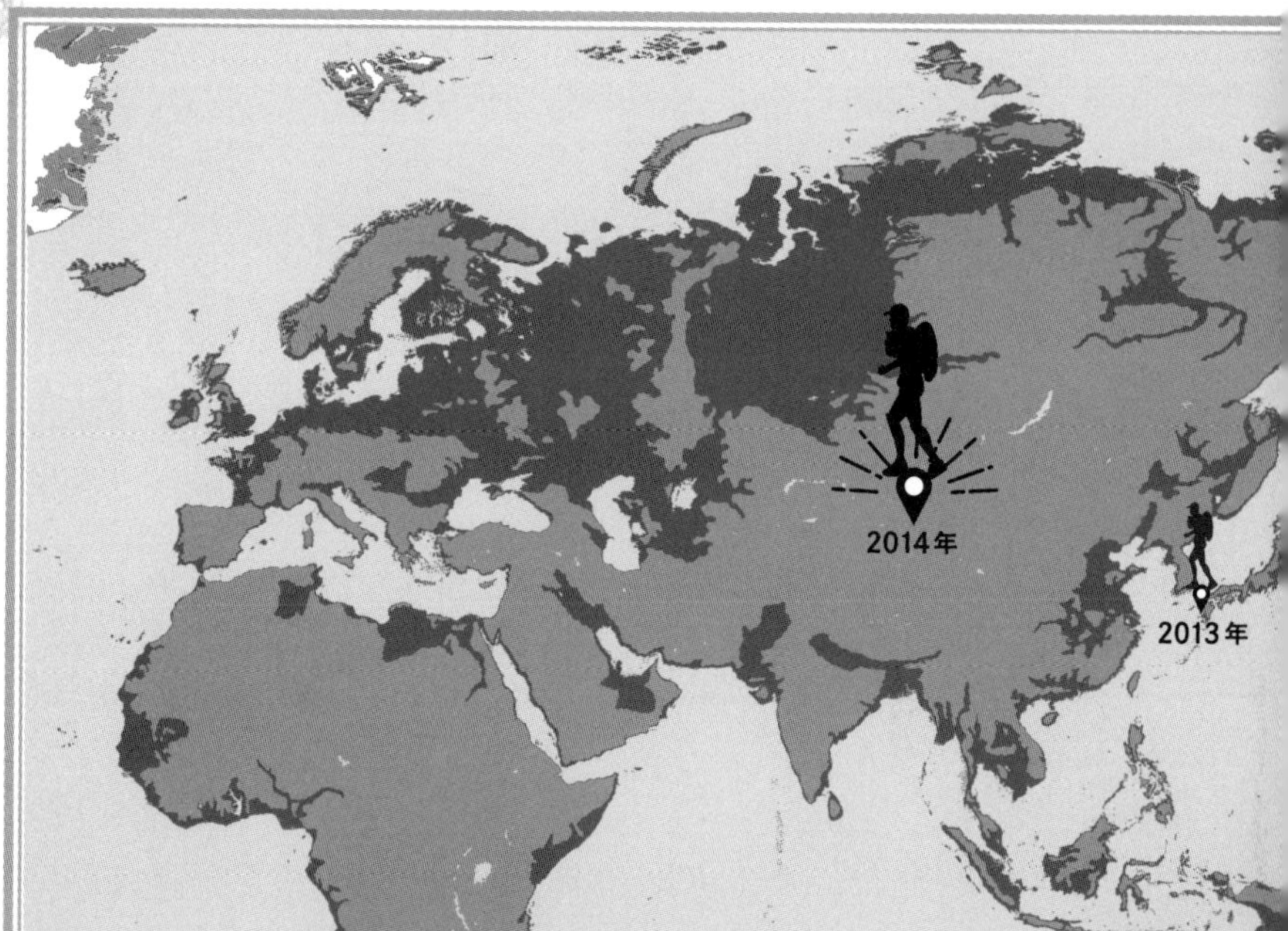

【2014年】
中国の砂漠「ゴビ・マーチ」

250km

恐竜の卵の化石が発掘された砂漠

世界で初めて恐竜の卵と巣の化石が発掘されたことでも知られる「ゴビ砂漠」。中国北部からモンゴルへ東西約１６００キロ、南北約９７０キロに広がり、総面積は日本の約３・4倍。世界で4番目の大きさを誇る砂漠だ。ゴビとはモンゴル語で「草がまばらに生える場所」を意味しており、砂漠の中にも緑の草が生えている地域があるそうだ。

そんなゴビ砂漠の一角を7日間で２５０キロ走る「Gobi March（ゴビ・マーチ）」。このレースが僕のアドベンチャーマラソン初挑戦になる。２０１４年6月1日からスタートとなり、5月31日の競技説明に合わせて世界中から選手が集まる。

僕は30日に現地入りできるよう、大阪・関西国際空港を出発した。北京、ウルムチと飛行機を乗り継ぎ、集合場所となる中国ウイグル自治区のボルタラへと向かった。ウルムチからボルタラまでは同日の乗り継ぎ便がないため、ウルムチで一泊した。大会の日本事務局に紹介してもらった旅行会社に、航空券、ホテル、空港からホテルへの送迎をアレンジしてもらった。１泊９５００円と多少値ははるが、安全のために四つ星ホテルに泊まった。というのも、当時ウイグル自治区では中国政府との問題で暴動が多数起きており、年間２００件を超えるテロが起きていたからだ。そんなことに直面したことがない僕には信じられない世界だった。

空港から送迎車に乗り、ホテルに到着した。そこで９人いる日本人参加者のうちの２人と合流した。そのひとりが美香さん。２００９年にも同じ主催者のサハラ砂漠２５０キロレースにも参加している経験者で、以前はシンガポールで税理士をしていた国際的なビジネスウーマン＆ランナーだ。そんな彼女と合流し、不安や心細さがずいぶん取り除かれた。彼女と恐る恐る外へ散歩にでてみると、街中に武装した警察官がいた。装甲車もあった。だが特別に危険な雰囲気は感じられず、住人はみな穏やかな暮らしをしているようにも思えた。

アドベンチャーマラソンの定義

「ゴビ・マーチ」は、「レーシング・ザ・プラネット」という香港の会社が主催している。この主催者はゴビ砂漠（中国）、アタカマ砂漠（チリ）、ナミブ砂漠（ナミビア）、南極と

４つのシリーズレースを運営しており、３つの砂漠レースのうち２つを完走できれば、南極レースへの出場権が得られる。当時、南極で開催されるレースはこれだけだったので、後々の南極での挑戦も視野に入れ、このレースに出場することにしたのだ。また日本事務局もあるため日本人ランナーも多く、他のレースに比べるといくらかは完走難易度も低いので初挑戦には最適だと結論づけたからだった。アドベンチャーマラソンは「自己責任」。最初から無謀ではダメだ。

11回目の開催となり、参加者は世界40ヶ国以上から１１３名。年齢は20〜60代と幅広く、女性も２割近くいる。職業は様々で、企業契約などをしているプロランナーは海外選手にごくわずか。ほとんどの人がフルマラソンやウルトラマラソンには飽き足らず、ここに来ているアマチュアランナー。ちなみに参加費は３６００ドル（当時約38万円）で、そこに渡航費、滞在費、装備費を加えると費用は60万円を超えた。

ここで僕がチャレンジを続ける「アドベンチャーマラソン」がどういうものかきちんと説明しておきたい。実際のところ明確な定義はないが、「砂漠、山岳、極寒の氷雪、ジャングルなど厳しい大自然を舞台に道なき道を進む」、「賞金なし」、「自給自足のセルフサポート」が基本ルールの世界一過酷なマラソンのことだ。多くは距離２００キロ以上のステージ制で、毎日決められた距離を設定時間内に走る。夜は同じ場所で選手一同が野営し、翌朝一斉にスタートする。そして各ステージの総合タイムで順位を競う。たとえば、今回の「ゴビ・マーチ」は、48キロ、40キロ、40キロ、41キロ、67キロ、14キロの６ステージに分かれ、合計２５０キロとなっている。

各ステージには「チェックポイント」が設けられており、水のみの補給が許される。ステージごとのゴールには水、湯、テントが用意された「ライフベース」があり、ランナーは翌朝のスタートまで自由な時間を過ごす。万が一に備えてドクターもいて、足のマメが潰れたり、爪が剝がれたり、捻挫や骨折した際に治療をお願いすることができる。

道なき道を進むことが圧倒的に多いため、主催者はあらかじめ目印となる〝小さなマーク（旗やリボン）〟を地面に挿したり、木に結びつけており、選手はその目印をたどってゴールを目指す。また〝セルフサポート〟がルールのため、他人から食料などモノをもらうことや、サポートスタッフをつけることは禁止。何が起こっても自分の力だけでゴールを目指す。そのため一部のレースをのぞき、期間中に必要となる食料、衣類、寝袋のほか、ナイフ、ライト、包帯、などのサバイバル道具などもすべて自分自身で運びながら走ることになる。

リュック、ウェア、食料などゆうに30種類を超えるアイテムの持参が各大会規定により定められており、アイテムによっては基準も設けられている。たとえば寝袋は0℃以下対応、ヘッドライトは予備を含め2個、食料は1日2000キロカロリー以上、水分ボトルの容量合計は2・5リットル以上、など非常に細かい。特殊なものでは、助けを呼ぶためのホイッスル、脱水症状を予防するミネラル（電解質）などもある。つまり、それだけ危険を伴うレースだということだ。ここにあげたルールや所持品は主催者や大会によっても異なるが、相当にハードなレースだということは理解していただけたと思う。

「ゴビ・マーチ」に戻ろう。

大会規定以外にも持参すべきだと思うアイテムは、選手各自が揃《そろ》える必要がある。何を持っていけばいいのか見当もつかない状況だったが、事務局を通じてレース経験者の集まりに参加することができ、多くの先輩に事細かくアドバイスを聞かせてもらい、事前にイメージを持つことができたのはありがたかった。そうして僕はスリーピングマット（就寝時に地面に敷く防寒・安眠用）、ワセリン（足のマメ予防）、トレッキングポール（アップダウン時の疲労対策）、サンダル（ライフベースでのリラックス用）、歯ブラシ、コップなどを加え、最終的には大会規定の35種類をはるかに上回り、50種類を超えた。

だが、当然、選手それぞれの好みや競技レベルによって必要なアイテムは全く異なるため、誰かのまねをすればいいわけではない。たとえばリュックだけでも、何リットルがいいのか？肩や背中のクッションはどんなのがいいのか？耐久性は？ポケットはどこにあると使いやすい？など考えることがたくさんある。それが50種類もあるのだ！　さらに、重要なシューズ、インソール、ソックスなど足元の組み合わせまで考えだすと完全にパニックになり、最後は「よし！　もうこれでいい！」と直感で決めたのだった。しかしまだ後回しになっていたものがある。食料だ。もう考えることに疲れ果てた僕が出した結論は「好きなものをたくさん持っていけばいい！」。

そう自分自身を納得させ、ナッツ、シリアルバー、チョコ、粉末ドリンク、粉末コーヒーなどを選んだ。朝晩に食べる主食は、水やお湯を入れるだけで作れるアルファ米とインスタントヌードル。その中でも大好物だった『尾西の五目ごはん』と『日清のどん兵衛　きつねうどん』を山盛りトランクケースに詰め込んだのだった。必要カロリーを１日平均３０００キロカロリーと計算し、７日間合計で２万１０００キロカロリー、しめて５・６キロ。バッグの総重量は10キロ。水を含むと12キロほどを背負って走ることになった。

体力面の準備は約１年前から計画的に行った。まず最長でもフルマラソンの距離しか経験のない僕にとって、特にイメージできなかったのはフルマラソンに匹敵する距離を〝毎日走る〟ということ。なぜなら、フルマラソンの翌日にはいつも、僕の足は筋肉痛などで使い物にならなくなっていたからだ。人間ってそもそもそんなに走れるのか？　そんな疑問を解決すべく経験者などにリサーチした結果、「鍛錬すれば走れるようになる。そのためにはとにかく長い距離を走る経験が大事である」というシンプルすぎる結論を得た。そのため、２０１３年９月の「丹後１００kmウルトラマラソン」（京都府）、２０１４年５月の「萩《はぎ》往還マラニック１４０キロ」（山口県）に挑む計画をたてた。

これらのレースについても少し触れておく。

まず丹後１００キロ。このレースに完走するために、ほぼ毎日５～10キロほど走り込み、時には30～40キロを走るトレーニングを積んで臨んだ。自信はあった。詳細は割愛するが、結果は大雨と暴風という天候不良の影響もあり、97キロ地点で制限時間の14時間を超えてリタイア。回収車に乗せられ、低体温症により体を震わせながら泣いた。こんなにもつらい思いをして、ゴールまで残りわずか3キロでリタイア……。

「もう諦めよう、やっぱり長距離は自分には向いてない……」

この時の無力感を僕は今も忘れていない。それほど心身ともにつらく情けない結果だった。レース後は魂が抜けたような日々を送った。砂漠で250キロに挑むと決めているのに、アスファルトで100キロすら走りきることができない。情けない。そんな時にわざわざ応援に駆けつけてくれていた信頼する友人にこんなことを言われた。

「考えが甘いんじゃないの？」

悔しくて悔しくて、情けなくて情けなかった。だが、その言葉のおかげで弱い気持ちが吹っ切れた。人間はひとりでは弱いものだ。自分だけの目標や夢は平気で諦めてしまうこともある。そんな時、家族や友人、知人からのストレートな言葉は効く。そう、やっぱり誰しもまわりの信頼する人からは認められたいし、負けたくないのだ。そしてその言葉は自分の想定以上の力を与えてくれる。

やってやる！　リベンジしてやる！　そうして僕は（こういうところが自分のポジティブさというかバカなところなのだが）当初、計画になかった4ヶ月後の「宮古島100kmワイドーマラソン」に即エントリーしてしまった。次は絶対完走する！という強い気持ちで、日々走る距離も伸ばし、より一層トレーニングに励んだ。そうして第一ステップであった１００キロを、13時間7分でクリアしたのだった。

それから4ヶ月後、「ゴビ・マーチ」の1ヶ月前に、第2ステップの「第26回　萩往還マラニック１４０キロ」に挑んだ。夜通し走る経験と自信をつけるために、どうしてもクリアしたかったレースだ。コースは山口市↓防府市↓山口市↓萩市↓山口市と、山口県内の瀬戸内海と日本海を縦に往復する１４０キロの大会だった。制限時間は24時間。食料・水分が補給できるエイドステーションは7ヶ所、標高５００メートルを登る板堂峠など、峠越えも二度ある。真夜中のレースでは、暗闇で先が見えない中で走る恐怖、走りながら眠ってしまうほどのひどい眠気があることも知った。意識が遠のき、まるで幽体離脱のように自分が走っている姿を見る不思議な経験もした。朝日を浴びると、疲れと眠気が吹き飛び、力がみなぎるお日様パワーも経験した。完走できた。タイムは23時間20分。制限時間のわずか40分前だったが、丸一日、自分の心と体と一緒に戦い抜いた。その達成感、その爽快感。かつてない最高の喜びが自分を貫いた。この経験があったから、「ゴビ・マーチ」へも自信を持って向かうことができたのだった。

過酷なレースを楽しむランナーたちの食事事情

5月31日。ボルタラで一番大きなホテルで大会の競技説明が行われた。

ここで初めて各国のランナーたちと出会ったのだが、とにかくみな背が高く、胸板も厚い、見るからに屈強な猛者《もさ》ばかり。女性でも僕より大きな人がたくさんいる。中には、２００４年アテネオリンピック1万メートル9位、２００８年北京オリンピックフルマラソン16位のホセ・マヌエル・マルティネス（スペイン）もいた。

「オリンピアンだ！　こんなすごい選手たちと走るのか！」

不安が膨らむ。主催者から競技説明が始まった。こんな過酷な大会を運営する代表はどんな強面《こわもて》の男性なんだろうと思っていたが、予想外にも女性だった。

「ハロー！　エブリワン‼」

彼女の話が始まった。これからコース情報や自然や気象環境、ルール、起こりうる危険など、重要なことが話されるのだろう。そう思い一生懸命に聞いてはみるが、なにひとつ頭に入ってくるものはない。そう、実は僕は英語がチンプンカンプンなのだ。その後、英語が堪能な美香さんに教えてもらい、内容を理解することができた。

次は装備チェック。大会規定で決められたアイテムを持参しているかどうかを、一人ひとり厳しくチェックされる。事前に、規定アイテムがひとつ足りないだけで近くの街へ調達に行かされたり、追加タイムのペナルティがあるとも聞いていた。食料などもひとつひとつ調べられ、無事クリアとなった。合わせて重量計測も行われ、僕の荷物は水分抜きで10・41キロ。トップクラスの選手は6キロほどだったようで、僕の荷物重量は平均より重い。コース情報やチェックポイント距離などが記載された冊子と44番のゼッケンを渡された。ゾロ目好きの僕はラッキーだと思った。ゾロ目はエンジェルナンバーといって、幸運を授かっていると知人から聞いたこともある。ちなみに以後、２０１９年までの13の大会で、ゾロ目だったことが実に6回もある。

こうしてチェックは終了。翌6月1日、いよいよレースのスタート地点へ移動する。

翌朝。急きょミーティングが行われた。「前日の雨の影響によりコースが変わり、距離が延びる」という内容だった。僕はかなり動揺したが、驚くことに多くの選手は距離が延び、レースがより過酷になることを喜んでいた！

「……なんなんだ、この集団は」

バスで1時間ほどのスタート地点へ向かう。標高４７０メートルのゴビ砂漠の一角にたどり着いた。あたり一面には茶色の大地が広がっており、ところどころに草が生えている。その中にポツンと農家の住居のような建物があった。といっても電線は繋《つな》がっており、コンクリートで作られた平屋がいくつか連なっていた。今夜はここに泊まる。

日が落ちてくると気温は10℃を下回り肌寒くなってきた。ダウンジャケットやニット帽をかぶり、夜に備える。主催者からお湯をもらい、僕は準備していた五目ご飯、カップうどん、クリームシチューを食べた。

まわりの選手をちらと眺めてみると面白いことになっていた。インドの選手はいくつかの香辛料を混ぜたヌードル。韓国の選手は韓国のりと辛いラーメン。アメリカの選手はプロテイン食、そして僕たち日本の選手の多くはお米を食べている。気になっていたインドの選手から、「食べてみる?」と、彼のお手製ヌードルを食べさせてもらう。深みのあるスパイスが効いていてなんともおいしい！　よく見れば、いくつもの種類の香辛料を持ち合わせており、その時の気分に合わせて調合しているようだった。さらにこの日に限って、主催者からスイカとメロンとパンが振る舞われ、現地の方たちから歓迎の踊りも披露してもらった。大自然の中、異国の文化を楽しみながら、世界中の選手たちと食事をとる。スタートを前に、そんな非日常の素晴らしい時間を過ごさせてもらった。

その後、割り当てられた小屋へと戻る。テントメイトは、香港のダンカン、デンマークのマーティン、ノルウェーのアレクサンダー、台湾のフォン・チー、イギリスのピーター、ルーマニアのクリスティーナ、日本の丸本さん、古木さん、そして僕の男性7人、女性2人の9人グループだった。カタコト英語で挨拶をすると、みなフレンドリーに接してくれた。素敵な人たちばかりだった。これから7日間をともにする仲間なので、心許せそうなメンバーであることがすごくありがたい。明日に備え21時ごろ眠りについた。

「いよいよ、北田雄夫、第二の人生が始まる！　明日はその記念すべき第一歩だ！」

そんな興奮はあったものの、気がつけばあっさり眠りについていた。小心者だが楽観的な性格、これはアドベンチャーマラソンの道を生き抜く素質なのかもしれない。

7大陸走破への最初のスタート

レース当日は肌寒い朝だった。興奮のせいか早朝5時に起床。早起きしたなと思っていたら、同室メンバーはすでに食事をとり準備を進めていた。これが経験の差か。

地平線の果てから眩《まぶ》しい朝日が昇ってきた7時半。レース前のブリーフィング。改めてスタート時間、チェックポイント、天候など、第1ステージの情報が伝えられる。地球上にある、日本では体験できない大自然を舞台に世界中から集まったランナーたちと6日間を走る。興奮と緊張が自然に高まってくる。どんな見たことのない景色が広がっているのか、どんな困難と感動が僕を待っているのか、レースを終えてどんな自分になっているのか。そんな期待と荷物をリュックに詰めた。8時を迎え、掛け声がかかった。

「ファイブ、フォー、スリー、ツー、ワン、ゴー‼」

一斉にランナーが飛び出す。それぞれの目標、限界に向かっての挑戦が始まった。勢いよく飛び出す選手、ゆっくりと一歩一歩を踏みしめながらスタートする選手、それぞれだ。僕はビデオを撮りながら「行ってきます!」と、力強くスタートした。

進むのは地平線までずっと続く茶色の大地。序盤は身体のコンディションを確かめつつ、まわりの様子もうかがうため集団の中盤あたりに位置していくことにした。コースは〝砂漠〟といわれて一般的に想像する砂丘ではなく、荒野のような場所だった。だが、当然アスファルトの道路のようにスムーズには走れず、アップダウンが幾重《いくえ》にも連なる。

荷物は、余分な食品の包装紙は捨ててビニール袋に入れ替え、地面に敷くマットも短く切るなど、できる限りの軽量化をした。しかし、それでも水分1・5リットルを積んだ総重量は12キロだ。2歳の男児を背負って走ることを想像してほしい。そんな重さのリュックを背負うと、軽やかに走ることはできない。大きな負担が肩や下半身にかかる。だが、まだまだ序盤も序盤。気温は20℃ほどと快適。脱水症状だけには注意し、1時間おきにミネラルの入った電解質タブレットと水分を補給しながら、選手の流れにそって約10キロのチェックポイント1に到着した。リュックの両肩につけているボトル2本（合計1・5リットル）を満タンにしてもらい、しばし休憩して再出発した。

その後も目印を確実に見つけながら、順調に進むことができた。大きなトラブルもなく1日目、第1ステージのゴールが見えた。見渡す限り地平線が広がった場所の真ん中に、2本の鉄パイプ、ロープ、横断幕で作られたフィニッシュゲートが立っていた。横には大会や参加者各国の旗が風に吹かれてなびいている。スタッフが僕の存在に気づいて、大きな歓声をあげ、カウベルを鳴らして歓迎してくれた。すでにゴールしている選手たちも、拍手を送ってくれる。その真ん中へと走っていく。ゴール。スタッフがハグで祝福してくれた。その場にいた選手たちとも握手を交わし、「おめでとう！　素晴らしい！」

などと讃《たた》えてくれた。僕も笑顔で先にゴールした選手たちの健闘を讃えた。レースを終え僕のタイムが記録された。48キロを8時間41分。順位は40位くらいだった。

文字にしてみると、あっという間の1日だ。だが、デコボコの未舗装の道は足への負担が大きく、観光ならその壮大さに感動するだろうが、走れども走れども先の見えない、変わらない地平線の風景は精神的にこたえた。一番の問題は、肩と足裏の猛烈な痛みだったが、これから「大好きなごはんを食べられる！」と思うと、気分は軽くなったのだから、食事の力はあなどれない。

キャンプ地は周囲３６０度何もない大地にポツンと作られていた。宿泊するテントは自衛隊が使うような大きなテントだ。円形に10個ほどのテントが設営されており、その中心には自由に利用できる簡易テーブルと椅子が置かれていた。翌朝のスタートまで休息時間となるので、僕は好物の五目ご飯とクリームシチューにお湯を注いで食べることにした。近い時間でゴールをしたテントメイトの丸本さんを含め、オーストリアや香港の選手とも談話を楽しんだ。

「今日はどうだった？」、「タフな1日だったよ」、「これまで他のレースに参加したことは？」、「えっ！　そんなレースがあるんだ！」、「その食べ物はおいしいの？」、「味見する?」、そんな他愛のない会話が繰り広げられた。英語の話せない僕はずっと緊張していたが、簡単な言葉でも一緒に挑戦している仲間と交流できることがすごく嬉《うれ》しかった。

キャンプを少し散歩する。足を洗うスペース、インターネットを使えるスペースなどもあり、このレースの設備の充実ぶりを感じた。だが、さすがにトイレだけはなく、男性も女性も大地で用を足すことになる。僕はほどよい茂みを探してしゃがみ込み、用を足した。だが、尻が少し気になる。自然に肌をさらけ出すと、なんだか虫たちに狙われているような気がするのだ。またキャンプ近くは百数十名の自然のトイレにもなっているため、時々転がっている爆弾をうかつに踏まない注意も必要だった。

記念すべき1日が終わった。オレンジ色に輝く太陽が地平線の彼方に沈んでいくと、高く広がる空は茜《あかね》色から赤紫色へと鮮やかなグラデーションに染まっていった。

トラブル発生!　まさかのテント浸水

2日目。第2ステージ40キロ。

痛む肩と足をかばいながらもゴールへたどり着いた。緑が生い茂っており、砂漠というよりもキャンプ場といった場所だった。明日からも続くレースに備えて、いつもの食事を済ませて早めに休むことにした。

夜、雨が降ってきた。主催者はテントの上一面にブルーシートをかけ、雨に濡《ぬ》れないようにしてくれた。気温は0℃まで下がる。僕は1日目と同じように地面にマットを敷き、寝袋にくるまって寝たが、どうにも寒い。「今日は少し冷え込んでいるのかな」とダウンジャケットやレインジャケットのファスナーをすべて閉め、フードを被り、極力身を縮めながらまた眠る。だが、ますます寒さが厳しくなり、冷えた足先の感覚がなくなっていく。やがて限界がきた。

起きあがってふと足元を見てみる。足先がびしょ濡れだ！　暗闇の中、あたりを調べると、なんとテント内が浸水している!!　降り続ける雨がテント内に流れこんでいたのだ。かろうじてマットの上は無事だったが、その周辺が水たまりと化し、足先が水に浸かっていたのだった。

小さなマットの上から動けなくなった。足はまっすぐ伸ばせず、寝返りを打とうものなら全身が濡れてしまう。砂漠なのになんでこんな寒いねん！　なんで浸水するねん！　どこにもぶつけられない苛立ちだけが募る。「軽量化のため」といって短く切ってしまったマットをうらめしく何度も見つめ、自分の判断を後悔した。夜が明けるまでの6時間、寒さでずっと体を震わせながら過ごしたのだった。

朝、雨は止んでいた。テントの外に出ると、スタッフが焚《た》き火を用意しており、そこで濡れた寝袋やウェアを乾かしている選手たちがいた。僕も少しでも濡れた装備を乾かそうと同じように並ぶ。聞けばほとんどのテントが浸水し、みな寒さで震えながら夜を過ごしたようだ。だが、大きなマットを持ってきていた選手はほとんど濡れず、また防寒具を多めに持ってきていた選手は寒さを感じず眠れたようだった。走るよりもつらい夜を経験した僕は、冷えた足先を温めるために次回からは分厚い靴下を持参することを心に決めたのだった。

食事を済ませ、リュックを背負う。肩が痛む。2日間のダメージが蓄積されている。リュックの胸ベルトの長さを調整し、なるべく痛い箇所にあたらないようにして8時のスタートを迎えた。第3ステージは40キロだ。

走り始めると、雨足が強まってきた。7キロを過ぎたころだろうか、コース上の泥沼にはまり足もシューズもドロドロになってしまった。まだここから30キロ以上もあるんやぞ……気分は重くなってきた。だが、同時に楽しくもなってきた。こうでなくちゃ。僕の心の奥のどこかでは、こんなハプニングを求めていたのかもしれない。

ドロドロの足のまま、大草原を進む。天候はさらに悪化し始め、あられが降り落ちる。標高は１５００メートルを超え、スタート地点からは１０００メートルも高くなっている。寒さを我慢しきれず、レインジャケットとポンチョを装備する。頭上からは相変わらずあられが降り続けるが、寒さだけは防ぐことができた。

しばらく経つと、空に晴れ間が広がり暑くなってきた。急な天候の変化に対応するのは大変だ。そう思いながらどうにか22キロ地点のチェックポイント２へと到着。スタッフから予期せぬ言葉があった。

「あと３キロだよ」

え？　まだ半分ほどじゃない？　間違い?と思い、二度聞き直すが間違いないらしい。天候が悪化しこの先は嵐になる。そのためレース続行は危険で急きょコースを短縮したようだ。後ろから来た選手も同じように二度聞き直していたのが面白かった。

あと３キロ。そうわかると急に元気が湧き、あっという間にゴールを駆け抜けたのだから、人間の気持ちというのは本当にバカにできない。この日のキャンプ地は、山頂が白く染まった山々に囲まれた大草原の真ん中にポツンとある遊牧民の住居地帯だった。ゴール後すぐにユニフォームに日の丸をつけた僕は、現地の子どもたち十数名に囲まれた。日本のマンガが大好きな少年少女たちで、『ドラゴンボール』や『ＮＡＲＵＴＯ－ナルト－』などを読み続けたことで日本語も話せる子もいた。

「ニホンガスキデス。ニホンノマンガダイスキデス」

そんな憧れの国からやってきた日本人の僕は、なぜかスターのようにもてはやされ、何度も何度も彼らと記念撮影をした。日本のことをこれだけ好きと思ってくれるのが純粋に嬉《うれ》しかった。同時に、僕は彼らの国のことをどれだけ知っていたのだろうと少し恥ずかしくもなった。ちなみに、この本の出版社が『ドラゴンボール』や『ＮＡＲＵＴＯ－ナルト－』と同じ、『週刊少年ジャンプ』の集英社になったのは、本当に偶然なのだが、実はこの時の彼らのおかげで決まっていたのかもしれない。嘘《うそ》みたいな、ドラマみたいなことが人生にはいくつもある。そのことを僕はアドベンチャーマラソンを通じて知った。今彼らにこの本を渡せることができたら、本当のスターだと思ってくれるかもしれない。改めて感謝している。

この日の夜、3つの初体験をした。ひとつは現地の人からお菓子を買っていた選手を見つけたこと。レース中に食料を買うことはルール違反で、ペナルティの時間がゴールタイムに追加される。バレないようにやっていたのだろう。

ふたつめは、けがでリタイアする選手を見たこと。骨折をしたのだろうか、足を包帯でぐるぐる巻きにされ、スタッフの車に乗り込んでいるところだった。主催者がいるため、ある程度は安全面も担保されているとはいえレース中にスタッフはいない。自己責任だ。改めてその怖さを知った。

そして3つめ。けが以外の理由でリタイアする選手を見たこと。聞けば、レースに嫌気がさしてもう帰るらしい。そんな理由でやめる人もいるのかと心底驚いた！　レースもテント生活ももちろんストレスは多い。気持ちはわかる。ただ、このために注いできた時間や費用を考えると、僕にはとても考えられない判断だった。でも価値観や判断の基準は人それぞれなのだ。

空には黒い雲が広がってきた。しばらくして、嵐がやってきた。雨風が吹き荒れる音が鳴り響く。この日の寝床が立派なゲルだったのは本当に助かった。それでも頑丈だと思っていたゲルにも隙間から風がビュービュー入ってくる。主催者がコース短縮をした理由がよくわかった。1時間ほどで嵐は収まった。夕食を済ませて翌朝に備えて就寝することにした。

この3日で僕は成長できているのだろうか。

大失敗した「五目ごはん」と「どん兵衛」

レースは4日目、第4ステージを迎えた。遠くには雪で白みがかる山々がうっすら見えるが、基本的には見渡す限りの大草原。空には雲ひとつない青空。その裾から昇るオレンジ色の朝日。息を呑《の》むような絶景だった。

「今日を終われば、あと半分だ！」

気持ちを高めながら準備を済ませた。スタートは午前8時。大草原の中をランナーたちは一本の長い列をなしながら進んだ。この日も不安定なデコボコの道をアップダウンを繰り返しながら進んでいく。再び肩が痛み始める。加えて腰もリュックのベルトによって擦り切れ、足も悲鳴を上げ始めた。そんな中、頼りにしていたトレッキングポールが壊れた。長さを調整する箇所がダメになり、短いままでしか使えなくなったのだ。支えは片方の1本だけ。これは厳しい。ポールは2本あってこそ、左右踏み出す足の負担を上半身にうまく分散させることができ、歩行時や登り降りが格段にラクになるからだ。1本になるとバランスが悪く使いづらい。しかも壊れたポールはアドベンチャーマラソンではただの重りだ。悪いことは続く。今度は、左膝の裏の激痛だ。筋肉痛の痛みではない。明らかにどこかを故障した痛みだった。痛くて走ることができなくなり、30キロを過ぎたころには、足を引きずりながら歩いていた。左足をかばいながら進むと、右足もひどく疲労し始める。

「もう歩くこともつらい……」

他の選手たちとは離れてしまい、まわりには誰もいない。砂漠にひとり。気持ちは一気に落ち込み、不安だけが大きくなっていく。痛みがもっとひどくなるんじゃないか……、歩くことすらできなくなるんじゃないか……、リタイアになるんじゃないか……、不安はなくならなかったが、とにかく歩みだけは止めずに進んだ。コースは徐々にゴールに近い村にさしかかっていった。

そこに突如、犬が現れた！　真っ黒くて汚くて大きな犬だ。どう見てもやばい犬だ。噛《か》まれたら狂犬病が発症することゴビ砂漠一と思われる犬だ。できればそっと通りすぎてほしい。だが事態は最悪だ。当然だが鎖で繋がれていない。それどころか、こちらを見て吠《ほ》えまくってきた。ヴォンヴォン！　なんだその日本では聞いたことのない犬の遠吠え！　どうする？　こっちは走ることはおろか歩くことさえままならないんだぞ。相手はいつ飛びかかって噛んでくるかわからない。まてよ。でもここはコースだ。前のランナーも通っていったはずの道だ。なら大丈夫か。いや何をもって大丈夫なんだ。この間、わずか2秒ほどだったろうか。自分史上最高スピードの思案をして出した結論、それは〝そっと通り過ぎること〟だ！

　笑わないでほしい。砂漠で明らかに噛まれたら狂犬病になること間違いなしの犬に吠えられた人間の結論を笑わないでほしい。実際に途中までは、その結論で順調に進んでいけたのだから。すると突如、犬が走りだした！　まずい！　まずい！　とっさに僕も逃げるように前に走りだす。なんだ走れるんじゃないかよ、と思わないでほしい。走れちゃったのだ。だが、後ろから犬は追いかけてくる。ダメだ、もう追いつかれる！　僕は無意識に必死で手に持っていたトレッキングポールを後ろに振り回し、犬が近づくのを防ぐ。だが犬はまだついてくる。脈拍は一気に上がった。足はちぎれそうだったが、力を振り絞り走る。痛み？　知らんそんなもの。そうしてなんとか逃げきれたのだった。

ようやく長い1日のゴールを果たした。もう歩くことすらできない状況だったので、ある意味この犬のおかげとも言えるのだが。

ゴール後、緊張が切れた。足はどうにもならなくなった。一歩踏み出すと激痛が走り、しゃがむこともまともにできなかった。限界だった。最悪、足が壊れてしまうかもしれない。メディカルドクターに初めて足を診てもらうことにした。4日目ともなると受診前の選手たちが列をなして並んでいた。テントの中は映画で見る野戦病院のような光景が広がっていた。いくつかあるベッドには負傷した選手が横になり、ドクターが足を診断している。ある選手は靴ずれで皮膚が破れて血だらけだ。ある選手は爪が剝がれそうということで、爪と皮膚の間を切り開いて水抜き処置をする状況だった。僕の番が来た。ドクターにカタコトの英語とジェスチャーで状況を伝える。すると、「ノープロブレム！イッツノーマル！」的なことを言われ、何も処置をされずに終わった。いやいや、んなわけないだろ！とも思ったが、自分の英語力のなさをうらみつつ、同時に他の選手たちのトラブルを目の当たりにして、アドベンチャーマラソンではこういうけがやトラブルは当たり前なのだと、ようやく身をもって理解したのだった。

しかしトラブルは終わってくれない。犬、医師、そのあとは胃、だ。〝い〟の三連単。

テントに戻って、一番の楽しみの食事をしようと準備するが、パッケージを手に取るだけで気持ち悪くなったのだ。大好物の「五目ごはん」と「どん兵衛」を毎日朝晩2回食べ続けてきたが、4日目に体が、胃が受けつけなくなっていたのだ。でも、これしか食料はない。食べないと走れない。体は拒絶しているが、水分を多く入れて無理やり胃袋に流し込む。どうして味を変えなかったのか。五目じゃなく赤飯やチキンライスとか、きつねじゃなく天ぷらとか違う味もあったはずなのに。そして、また自分自身の「好きなものだけあればいけるでしょ!」という小学生並みの結論を悔やんだ。

寝る前に足をマッサージして休もうと思うが、手を触れるだけで痛む。何もできなくなった僕は、人間の自然治癒能力を信じて眠ることしかできなかった。

日の丸を掲げての初ゴール!

5日目はレース最長となる第5ステージ67キロ。朝、足を確認すると回復はしていない。マンガじゃない。当然だ。ただ悪化はしてなさそうでひと安心した。だが、痛みはひどいままなので走ることは難しい。〝とにかく前に〟そう思ってスタートから必死に歩く。

チェックポイント1、2、3、4と大自然の中を進んでいく。ふと自分の人生、30年間がフラッシュバックしてきた。

中学では友だちに恵まれた。みな個性の強い仲間が集まったグループだったので、シャイで小心者だった自分が人前で自己表現をする一歩を踏み出すきっかけをもらった。高校からは陸上部の仲間とたくさんの経験や失敗をして、成長する喜びを知った。大学では陸上競技に大学生活を捧《ささ》げ、最終的には4×400メートルリレーで日本のトップクラスまで上りつめることができた。はるかに遠く高い目標でも〝これだけやればここまでいける〟という自分の物差しと自信を作らせてもらった。

社会人になってからも、失敗ばかりの自分にもかかわらず様々な仕事を任せてもらい、社会で生きていく土台をつくらせてもらった。そして人に信頼される、愛されるのはどんな人間なのかということを学ばせてもらった。今の自分がいるのもこれまで自分と付き合ってくれたみなさんのおかげだ。そんな感謝と思い出が脳裏に浮かんできたのだった。

そんな風に良い思い出に浸っているとあっという間に時は流れ、気がつけば30キロを過ぎ8時間が過ぎていた。不思議なことに足の痛みにも慣れてきて、この状況に肉体が順応しているようだった。人間の肉体のすごさを実感した瞬間だった。

だが45キロ、12時間を過ぎると、さすがに痛みが麻痺《まひ》していた足にもダメージが蓄積されて一気に悪化してきた。左膝裏に加え、両足の足裏、太もも裏、右膝裏も激痛となる。あと22キロなのに。

日も落ち、真っ暗な中、ひとりだった。温かいウェアを着て、ライトひとつで進む。風はなく、音も全く聞こえない。聞こえるのは自分が踏みだす足の音のみ。静寂。あたりを見渡しても、人の気配は何も感じられない。そんな孤独な世界が、精神を追いつめる。恐怖だけが増していった。もしここで倒れたら、もし道を間違えて遭難したら、もし誰かに襲われたら。犬だけはもう本当に勘弁だ。

落ち込んだ心は、自分ではコントロールできずさらに沈んでいく。〝こんなつらい思いをして何が楽しい？〟〝ゴールしたからって何になる？〟過去のレース終盤でも芽生えていた、そんなネガティブな問いかけをまたしてしまい、なんの成長もできていない自分に余計につらくなる。引きずり続けた足の感覚はほぼなく、痛みに耐えているだけ。すぐにでも横になりたい。だが、そんな場所もない。励ましてくれる人もいない。このつらさがあとどれだけ続くのか。あと何時間耐えないといけないのか。

そう考えただけで、心が折れそうになる。自分の心に向き合い続けることがつらい。

ずいぶん進んだんじゃないかと思い腕時計を見るが、わずか10分しか時間は過ぎていない。さっきは8時間があっという間だったのに、本当に不思議だ。でも、その時々の気持ちで時間の感覚が異なることは誰しも一度は経験したことがきっとあるはずだ。終わりのない、永遠に続くんじゃないかと思うほどに、長い道のりだった。

そんな絶望に直面している中、ふと空を見上げると満天の星空が広がっていた。月は光り輝き、天の川もはっきりと見える！　日本では決して見ることのできないほど、そしてその美しさをたとえる言葉が簡単に見つからない、いや、この世にはないのではと思うほど、ただただ「キレイ」な世界だった。ほんの一瞬の出来事であったが、何かが変わった。

体も心も耐えられないほどつらい。それは限界に挑んでいる証だ。いけるところまでいこう。そう思うことができ、僕は一歩一歩ゴールへと進んだ。

真夜中の6時間が経ち、ようやくゴールが見えた。スタートから18時間を超えた深夜２時、ゴールに設置していた小さな明かりの側にいたスタッフ２人が満面の笑みで迎えてくれた。人の温かさが心に染みた。染みすぎた。嬉しかった。ゴール後、ほんのしばらくは喜びと安堵《あんど》感に包まれたが、僕の体にはもう喜ぶ力さえ残っておらず、テントへと直行しそのまま倒れ込むように眠りについたのだった。

いよいよ最終日。長かった２５０キロもあと14キロで終わりだ。ここまでくればもう順位が変わることも少なく、ほとんどの選手にとってはウイニングランに近い。僕を含めすべての選手はスタート前から笑顔があふれていた。

「数時間後にはビールが飲めるぞ！　ピザも食べられるぞ！　最高だ！」

「おなかが壊れるまで食べたい！　シャワーも浴びたい！」

想像するだけでよだれが出そうなことを選手たちが言い合い、実際、僕の口の中にはよだれがいっぱいに広がっていた。相変わらず足の痛みは激しいが、気分は格段に軽い。スタートをしてからも、あと10キロ、あと9キロと、１キロごとにカウントダウンをしながら走った。

ゴールが近づく。いろんな思いがこみ上げてきた。雨の降る日も、残業で帰って疲れた日も、ひとりで練習してきた。なぜそこまでしてお前は走るんだ？と、自問自答する日々。友人、知人からの食事の誘いも断り続けた。たくさんのことを諦めてきた。その都度、弱い自分は「やめちゃえば？」と甘いささやきをしてしまう。そんな自分自身と向き合うのがすごくつらかった。でも、それを乗り越えられたからこそ、今ここにいる。人間として成長できた気がする。そのひとつの形としてのゴールだ。

たくさんの選手たちとすれ違う。「あと少し！　がんばれ！」、そう励まし合いながら進む。遠くにフィニッシュラインらしきものが見え、歓声が聞こえ始める。はっきり目視できるほどに近づいてきた。僕はスタートからずっと荷物に入れていた日本国旗を取り出し、両手で掲げた。日の丸が頭上ではためく。ゴールはすぐそこだ。最後は何十人もいるスタッフに迎えられ、大草原に鳴り響く歓声に包まれながら、あふれるほどの笑みでフィニッシュラインを越えた。

ゴールを果たすと、スタッフからハグとともに大きなメダルを首にかけられた。ずっしりと重く大きいメダルだった。メダルそのものの重さよりも、はるかにたくさんの苦しみや喜びが詰まったメダルだった。テントメイトのみんなとも抱擁を交わし、互いのゴールを喜び合った。レース後は、肉とポテトに加えて大量のコーラとビールが振る舞われた。僕はその場にいる選手たちとコーラで祝杯をあげた。まるで『ワンピース』のルフィたちの宴のように、世界中の選手たちと豪快に食べて飲んで、達成の喜びをわかち合ったのだった。

極限の地で自分の限界に挑む。息を呑むような絶景に出会う。世界中のランナーとともに生活し、競いあい、助けあい、讃えあう。そんな素晴らしい経験ができて本当に良かった。夢のような７日間だった。挑戦を終えた僕の中には〝よし！　間違いない！　これこそ僕の人生だ〟と誇りを持てる自分自身がいた。

「この人生、この道で勝負する！」

強く心に決めていた。そしてひとつの壁を乗り越えた後、ぼんやり考えていた「アドベンチャーマラソン７大陸走破」という夢が大きな目標に変わった。本当の冒険が始まった。だがそんな中で、夢にも思わなかったことがひとつあった。あれだけ大好きだった「どん兵衛」が、レース中のつらい思い出が体に染みこみすぎた（だしがしみこんだおあげが本当に大好きだった）ことで、今も食べられなくなってしまったのだった。

RESULT

「ゴビ・マーチ」

日時：2014年6月1日〜6月7日

場所：中国　ゴビ砂漠

距離：250キロ（全6ステージ）

順位：51位（参加者全112名）

合計タイム：47時間41分20秒

RACE MOVIE ▶

同年10月に挑戦した
「アタカマ・クロッシング」の
動画はこちらから！

KITADA

第3章

TAKAO

初めての幻覚！そして最後に「愛は勝つ」

(2015年)

オーストラリアの荒野

「ザ・トラック」

521km

日本人初参加のオーストラリア大陸のレース

「ゴビ・マーチ」を完走した僕は、同年10月、チリの「Atacama Crossing（アタカマ・クロッシング）」にも挑戦した。標高３２００メートル、最高気温45℃というアタカマ砂漠で開催される７日間、６ステージ２５０キロのレースだ。熱中症や脱水症状のトラブルもあったが、結果１６５名中64位、48時間39分20秒で完走できた。これでアジアと南米、２大陸のアドベンチャーマラソンを走破した。レースへの準備方法やトラブルへの対処方法も少し身につけ、砂漠でも２５０キロを走り抜く自信を得た。

７大陸走破に向け次なるレースはオーストラリア大陸に決めた。「The Track（ザ・トラック）」、荒野での９ステージ、５２１キロのレースだ。

過去２レースの６ステージ、２５０キロより合計距離は倍以上、各ステージの距離も長くなり、難易度は当然、高い。参加人数も数十名と少なく、日本人はいまだ参加したことがないためレースの情報もない。できればもう少し経験を積んでから臨みたい。それが本音だった。

しかし、「ザ・トラック」の開催は2年に一度。2015年の挑戦を避けると次は2017年、3年後だ。この道で勝負する決意はもう固めたのだ。スタートは30歳。7大陸走破のために長期戦は避けたい。自信がなくてもここで行くしかない。ここからが日本人初のレースに挑む、本当のチャレンジだ！　腹をくくって、エントリーを決めた。

これまでの2レースは、どちらも同じ主催者で日本事務局もあった。だから安心して臨めたのだが、次はそうはいかない。「カナル・アバンチュール」というフランスの別団体が主催し、規則やルールはもちろん、雰囲気や対応も全く異なる。そのため英語が苦手な僕にとって、このレースはウェブサイトの英語と戦うところから始まった。

参加には、英語の申込書と医師の診断書、そして心電図が必要だった。参加代金2600ユーロ（当時、約35万円）は海外の銀行に振込む。海外送金なんてしたことないし、もしも架空団体だったらどうしよう。そんな不安も多少はあったが、アダルトサイトやお金がすぐ殖《ふ》えるというような詐欺的なサイトならまだしも、こんな過酷なレースへの参加希望者が世界で何人いるというのか。その手間を考えたら架空団体などありえない。送金をし、無事にエントリーできた。

次は遠征の手配だ。集合場所となるアリススプリングスという街を初めて聞いた僕は一から調べることになる。アクセス方法、地域の治安、滞在すべきエリア、そんなことを細かく調べてから航空券（約21万円）とレース前に滞在するホテル（1泊約7000円）を予約した。ひと苦労だった。

そしてアイテムの準備にかかる。前回までのレースと概ね同じ基準だったので、経験を活かし改善をした。食料は1日3000キロカロリーを持参したが結局食べきれなかったので、2500キロカロリーまで減らす。これで2キロ近く軽量化できた。ライトは小型化し50グラム減、ミラーは19グラムから8グラムに。また食べるものが少なく便もほとんどでないこともわかったので、トイレットペーパーも48グラムから10グラムにした。その他、いろいろ見直し、合計で7・2キロ（水分を含め8・5キロ）、初戦の「ゴビ・マーチ」に比べて2・5キロ以上も軽量化することができた。結果的に、改善した内容のすべてが正解ではなかったが、これは完走確率やタイムに大きく影響する進歩だ。

ただ、今回は大会側からお湯が提供されない。選手自らが火をおこし、湯を沸かす必要がある。そのため固形燃料や小型調理器具などを新たに持参する。装備を集めるコツがわかってきたので、これは難なく揃《そろ》えることができた。問題はメディカルキットだ。

定められたアイテムは15種類あるのだが、日本では見かけない、ヨーロッパで売られている商品名が記載されているからだ。そのためまずその商品は何なのか、どんな用途で、どんな成分なのかを調べる。薬なら主要成分を割り出し、類似品を日本製品で探す。市販品にない場合は、医師に説明して処方せんをだしてもらいなんとか揃えた。そうして準備はできたものの、類似品で規定をクリアできるのか、ペナルティを課せられないか、出場できないなんてことはないか、などとずっと不安を持ち続けることとなった。

だが一番の不安はそこではない。日本人が僕ひとりなのだ。「ゴビ・マーチ」では９人、「アタカマ・クロッシング」では７人の日本人選手がいたので、言語トラブルや孤独を感じることはなかった。

英語もほとんど話せないのに、コミュニケーションがとれるのか。もし自分だけが会話の輪に入れない場合、10日間以上を孤立して過ごすことになる。ただでさえ５００キロ超えという大きな挑戦なのに会話ができないことは精神的にもかなり追い込まれる。実際に過去のレースでも、キャンプ地に着けば〝みんながいる〟ことが、厳しいレースでの心の拠り所となっていた。人と会話できるということは、精神を安定させる上でもとても大切なことだ。それを考えると、心臓バクバク。現地に行くこと自体が怖くてたまらなくなった。自ら望んだ道なのに、ほんと、僕はどこまでビビりなんだ！

固定収入のないアルバイト生活

同時に、そのころは収入面でもつらかった。アドベンチャーマラソンの世界に飛び込んでから約1年、貯金はすでに数百万円を使い、会社員時代の給料に代わる収入もなかった。もともと特別な資格も技能も持っていない。自己啓発のセミナー講師やスポーツイベント企画運営などをいろいろと試すが、まとまった収入を作り出すことはできなかった。やむを得ず、競技や遠征の時間を捻出できるアルバイト生活となった。

飲食店、イベントスタッフ、知人の商品配達の手伝い、ランニングステーションスタッフ、営業代行など、いくつも掛け持ちした。飲食店では少しでも英語力を向上できるようにと外国人が集まるステーキ店で働いてみた。15人ほどいるアルバイトはほとんどが大学生。新入りの僕は学生から指導を受け、ミスをすれば学生に怒られる。みじめだった。競技では世界で生死をかけた挑戦をしているが、そんなことは当然、一切関係ない。ひたすら食器を片づけ、洗い、下ごしらえをした。結局、接客ができるまで昇進することができず、英語を学ぶこともできなかった……。

イベントスタッフは、1日の単発勤務が可能だったので選んだ。寒空の下でのティッシュ配り、スーパーマーケットでの抽選会の仕切り、イベントの誘導係、いろいろやった。こちらもアルバイトの域を超えることはなかったが、街頭でティッシュを配るスキルだけはものすごく上達した。コツは、まず遠くからでもチラシなどではなく、ティッシュとわかるように「〇〇のティッシュでーす！」と声をはりながら現物を見せて認識させておき、近づいてきたら相手の手元にジャストミートさせること。相手が受け取る行為をしなくとも、歩いていたら自然と手の中に入るくらいに、位置とタイミングをピタっと合わせる。そうすればかなりの確率で受け取ってもらえる。どんな仕事でも、より成果を出すための分析と実験は楽しい。アドベンチャーマラソンでも同じ、とても大切なことだ。

ランナー専用のロッカーやシャワー、コミュニティを提供するランニングステーションは、ランニングに関することを学びたくて選んだ。ここでも同僚はほとんど大学生だったが、アドベンチャーマラソンと繋《つな》がることもあって、みな親しくしてくれた。常連も多いので、とても仲良くしてもらった。ありがたいことにスタッフも施設のシャワーを使えたので、自宅から18キロの通勤ランもできた。ランニングウェアでの勤務だったので、30分の休憩時間もまるまる走った。受付などで手が空いている時はランニング雑誌を読んで勉強した。自分にとって最高ともいえる環境で働かせてもらい、今でもランニングイベントの仕事を一緒にさせてもらう関係となった。

そうして生活費を工面し、レース費は貯金を切り崩して活動を続けていた。今でこそ、人に言えるようになったが、当時はフリーターをしているとまわりに言うことが嫌だった。決まって受けるなにげない質問——この先どうするの？　それ、うまくいくの？　会社を辞めて後悔してないの？——が本当につらかったからだ。誰もやったことのない道なのに、将来のことなんて今、言えるわけがない。同世代の友人たちはどんどん社会で活躍し始めている。それに比べて僕は前に進んでいるのか、いつ日の目を見るのかもわからない。気持ちをわかち合える人もほとんどいない。そんな時は、先人やいろんな業種で活躍されている方たちの言葉に触れて、くじけそうになる心を支えていた。

そんな中でも大切にしていた言葉をふたつ紹介したい。

ひとつが坂本龍《りょう》馬《ま》の「世の人は我を何とも言わば言え。我がなすことは我のみぞ知る」という有名な言葉だ。僕の解釈では「世間は何とでも言えばいい。僕がやるべきことは僕だけが知っているんだ」。この年、僕はちょうど龍馬が亡くなったのと同じ31歳だった。

龍馬に比べて僕はどうだ。自分を信じろ！　いつか成功する！　そう自分に言い聞かせる力をくれた。

もうひとつがスタイリスト大草直子さんの言葉だ。「謙虚であるか、感謝しているか、挑戦しているか、学んでいるか、愛しているか、楽しんでいるか」。おそらくテレビだったと記憶するが、大草さんはそう自分自身に問いかけながら過ごしていると語っていた。実際に僕もやってみると雑念を取り払うことができ、素直な心になれることに気づいた。それからは手帳の最初のページにこの言葉を書いて、いつも自分に問いかけている。

12ケ国24名のライバルたちとの戦い

２０１５年５月２日。関西国際空港発の中国南方航空に乗る手続きを済ませ、時間に余裕を持って搭乗口へと向かう。だが途中の手荷物検査場で、レース参加に必須となるサバイバルナイフを没収されてしまった。手荷物で持ち込めないのを忘れていたうっかりミスだが、出発早々ついてない。その後、中国の広州、オーストラリアのパースで２回乗り継ぎ、集合場所となるアリススプリングスへと到着した。ナイフを買い足してから、街中にある待ち合わせ場所のホテルへと向かった。そこで初めて主催者であるフランス人のジェロームと会った。１７５センチほどの背丈にたくましい胸と腕、外国人独特のナチュラルな茶色い髪に髭《ひげ》、青い瞳の精悍《せいかん》な男性で、声も低く男らしい。素敵な色気を漂わせる人物だった。日本人として初参加となる僕を快く迎えてくれた。彼以外には、ドクターとスタッフ合わせて男女10人ほどがいた。みなヨーロッパ人のようだった。

参加選手は12ヶ国から計24人。欧州や南米の40～50代が多かった。体型といい、顔立ちといい、みな明らかに経験豊富なランナーだ。31歳の僕は全参加者中2番目に若く、最年少は29歳の韓国人、ハミだった。彼は２０１４年の「ゴビ・マーチ」にも参加し、全体23位でゴールしており、トレードマークの赤い髪が印象的だったのですぐにわかった。

「ゴビ・マーチにも参加していたよね？　僕も参加していたんだ」

ハミはニコニコして「うん。僕も覚えてるよ」と返事をしてくれた。同じアジア人。仲良くなれそうな選手がいてホッとした。背丈は僕と同じくらいだが、足も上半身もがっちりとした体格。そしてとっても純粋でやさしそうな表情をしている。

女性ランナーは４人。その中に「ゴビ・マーチ」で女性のトップ、全体でも18位だったメキシコのイシスもいた。スペイン語がわからない（英語もできないのだから当然だ）

僕は、簡単な挨拶だけしかできなかったが、ふたりとも、「ゴビ・マーチ」では僕よりも上位でフィニッシュしていたすごいランナーだ。僕の合計タイム47時間よりも、およそ10時間も速い。

その後、一同は貸切バスに乗り込みスタート地点となるキャンプ場へと向かった。車中では、英語、フランス語、スペイン語など、多言語が飛び交う。みな社交的で近くの人とコミュニケーションをとっていた。慣れない英語で話しかける勇気もない僕は、静かに風景を楽しんで過ごした。窓の外には日本では見かけることのない赤茶色の荒野が広がり、「明後日からきっとこんな場所を走るんだろう」と、レースのイメージをする。見たこともない景色に出会えるワクワク感が膨らんでいった。

到着したのは緑に囲まれた小さなキャンプ場だった。強い日差しが降り注ぎ、気温は30℃。大量のハエがいて、顔や体に常に数十匹が群がってくる。ここでレースに向けて2日間を過ごす。選手が寝泊まりする2人用テントがいくつも張られており、僕はハミと使うこととなった。おそらく年齢と国が近いことで一緒になったのだろう。安心した。

夕方からミーティングが始まった。ジェロームからフランス語と英語で説明が行われた。ほとんどわからなかったが、「わからないことは必要ない」、「本当に重要なことはその時に個別に言ってくるだろう」と割り切った。その後、パン、ソーセージ、蒸したじゃがいも、フルーツ、ジュースなどの夕食をとりながらハミと会話をした。すると、わかってきたことがある。彼は僕以上に英語が話せないのだ。衝撃だった。

英語ができない、コミュニケーションがとれない、そのことが不安で不安でたまらなかった僕。一方、英語ができないことなど物ともせず堂々と参加しているハミ。過酷な世界のレースに挑む選手たちの勇猛果敢さを思い知った。彼らは僕みたいに枝葉のことで躊躇《ちゅうちょ》なんてしない。

翌日は装備チェック。スタッフとドクターのふたり態勢で、ひとつひとつアイテムがレース基準を満たしているかをチェックする。大きなテーブルに装備をすべて広げてみせる。防寒具はあるか、食料は足りているか、ライトやナイフはあるか、メディカルキットは揃っているか。しどろもどろに説明を終え、無事にペナルティもなく通過した。最後にリュック重量を計る。6・9キロだ。他選手に聞くと5〜9キロだったので、真ん中あたり。もう少し軽くするため粉末タイプのスポーツドリンクを減らすことにした。出発してからの3日間、ろくに体を動かしていなかったので多少の不安があるが、気持ちと体調を整えてまずは明日のレースに臨もう。そう自分を落ち着かせて眠りについた。

成長を実感した前半5日間、220キロ

清々しい朝だった。夜明け前の6時に起きると、雲ひとつない藍色の空が東から光を受けて白みがかっていた。夜の気温は5℃まで下がるので、寝袋からでるとまだ肌寒い。今日からは自前の食料でレースとなる。持参した固形燃料で湯を沸かし朝食のインスタントヌードルとコーヒーを作り、エナジーバーを食べた。今回は毎朝このパターンでいく。

これから始まるレースのことを考えると恐怖と不安はあったが、ここまできたらあとは精一杯やるだけだ。目標は521キロ、すべての力をだして走り抜く。経験が乏しく順位のイメージはあまり持てなかったが、半分以上の12位までには入りたい。緊張と興奮がほどよい状態のまま、8時45分、いよいよスタート!

初日はウェスト・マクドネル国立公園内のトレッキングコースを30キロだ。木々が生い茂るなか岩や小石がある道を進む。9ステージの長期戦になるので、初日は無理せず体調や装備を整えながら走ることにした。また精神を落ち着かせるためにも、他の選手のレベル、完走のタイムなどを確かめながら走る。水分を含み8・5キロとなったリュ

ックは、ずっしりとした重みを感じるが、まだまだ序盤。無理せずマイペースで走り続けると、10キロのチェックポイントまでに、ハミとイシスを抜くことができた。ふたりが抑えているのか、自分が成長したのか。1年前は大敗していたから少し驚いたが、浮かれることなく走る。順調な足取りのまま、残り5キロにさしかかった。ふと前にドイツ人ランナーが立ち止まっていた。足が痙攣《けいれん》している。僕はすぐさま余分に持っていたミネラルタブレットを渡した。アドベンチャーマラソンでは人から物をもらうことはルール違反でペナルティになる。だが身の危険がある緊急時は別だ。みな限界ギリギリのところで危険と背中合わせで競技をしているので、ライバルであろうとそこは助ける。僕は彼の安全を確認して、再び駆け出した。ゴールは5時間36分、8位だった。いい滑り出しだ。

木々に囲まれた野原にゴールゲートが作られ、テントが設営されていた。すでにフィニッシュしていた上位選手と言葉をかけ合い、テントで休憩をする。

足のトラブル、特にマメができるとレースの大きな障害になるので、少しでもリスクを減らすべく、1日走ってずれた指先のテーピングを剥がし、汗で湿ったソックスとシューズを天日干しで乾かす。快適な状態を保つためだ。足下が湿った状態だとすぐにマメになるので、この少しの手間が後々の結果に響いてくる。足裏、ふくらはぎ、太ももを重点的に、疲れた足をセルフマッサージしてほぐす。その後、湯を沸かしインスタントの焼きそばを頬張った。空腹と達成感がある中での食事は最高においしい。

2日目は、同じ国立公園内にある別のトレッキングコースを41キロだ。指先のテーピングを貼り直し、昨日と同じ朝食をとってスタート。公園内のトレッキングコースと聞けば、日本ではある程度、走りやすく整備されたイメージもあるかもしれない。しかし、ここは違う！　尖《とが》った岩があり、親切な標識なども置かれていない。日本ではとてもコースにならないような環境だ。リュックを背負う肩が少し痛む程度で2日目も終えることができた。6時間40分、6位だった。ゴール後、おそらく足元の悪い険しい道のせいで転倒したのだろう、ひとりの選手の顔面に流血したあとがあった。もうひとり、理由は定かではないが、続行不能ということでリタイアとなったと知った。

長期間のアドベンチャーマラソンを戦い続けるためには、致命傷となるトラブルをいかに防ぐか、いかに早く対処できるか、それが最も大切になることがわかってきていた。そのために自分に足りない部分や、弱い部分を知り、対策を十分に行う。僕にとってこのレースでは、マメを作らないこと、飽きない食料を準備すること、寒さ対策をしておくことがそれだった。また、勝負は距離が長くなってくる5日目からだと想定し、そこまでにいかにダメージを抑えるかを考えていた。2日目は41キロ約7時間で、行動食1050キロカロリーが底をつきかけた。距離の長い後半ステージはできればもう少し行動食を増やしたい。そのため走り終えた夜にとる食料を競技中に回すことにした。

3日目は39キロ。徐々に選手やスタッフともコミュニケーションがとれるようになってきた。スタート後、まるでアフリカのサバンナのような場所を走り、チェックポイントに到着。急いで給水をしてスタッフにひと声かけた後、再びコースを進む。そのまま2キロほど進んでいくと突如、後ろから来たスタッフの車から声をかけられる。

「タカオ、間違っている！　コースを外れている！」

痛恨のミスだ。ここまでの距離、時間、体力、それらが一瞬で無駄になり、マイナスになった。精神的なダメージは大きかった。だが幸いにも、チェックポイントでコースの誘導の役割も担っていたスタッフがきちんと誘導しなかったということで、前のチェックポイントまでは車で運んでくれることになった。気を取り直して再スタート。結果、どうにか39キロを6時間22分でフィニッシュした。

夜になると空いっぱいに無数の星が広がっていた。星は輝いている。こんなにもはっきりとした天の川は見たことがない。宇宙の彼方へと吸い込まれそうな空間に、重たい足の疲れもレース中であることも忘れてしまう。人生で一番美しい夜空だった。

4日目の49キロも無事に終え、5日目の59キロを迎えた。

4日間の食料、約2・5キロ分だけリュックが軽くなっていた。コースは徐々に平らな荒野となっていき、赤茶色の大地をひたすら進むことになる。ここから少し勝負してみようと3位集団についていくことにした。現状の順位や走りに慣れてしまった体に鞭《むち》を打つことで、自分の中の未知なる潜在能力を引き出したかった。長く走っていると、つい今のポジションを守るという理由をつけて、現状維持に慣れてしまうことがある。そのまま放っておくと守り一方になる。それが習慣になることは嫌だ。だからレース中であろうと、あえて攻める機会を作りたかった。15キロ付近まで1キロ6〜6分半ペースでいく。だが、集団についていくことができず徐々にペースが落ちてしまった。これまでの疲れが溜《た》まっていたのだが、それでも少しタイムをあげることができた。チャレンジした納得感もあった。再びマイペースで走り、７時間36分でフィニッシュ。

「ザ・トラック」では前半５日間を終えると、スタート前に準備していた後半４日分の食料が受け渡されることになっていた。レトルトカレーやヨーグルトなど、今まで重くて背負うことのできなかった食事をとることができ、リフレッシュできた。だが、明日からは食料が増えた分、また重くなる……。５日間で２２０キロ。全長２５０キロの過去２レースならもう少しでゴールだ。しかし、今回は、まだそれ以上の３００キロが残っているのだ……。

最終日の最難関１３２キロで幻覚を見る

不安は的中した。

６日目の58キロを終え、７日目は64キロ。日中30℃を超える気温と、南半球特有の強い日差し。さらに心を乱すのが、顔や体にまとわりつく数十匹のハエ。疲労が溜まってきた体は暑さでバテて、走りにも集中できないようになってきていた。

このころになると、もうまわりの景色なんてほとんど見ることができなくなっていた。

ただ足元だけを見ていた。何かを考えることすら疲れる。ザッ、ザッ、ザッ、ザッ。無心でただ風の音だけを聞き、呼吸するかのように無意識に、走るというより両足で大地にリズムを刻むだけだ。２、３日目から軽い筋肉痛だった太ももは、筋肉がバネを失って千切れたような痛みとなり、まともに力が入らなくなった。消耗した体と心でリズムを刻み、９時間14分、なんとかゴールした……。

ほっとはしたが、体が限界に近づいていたこともわかっていた。後半に入ってからの２日間で計１２２キロ。長距離ステージで大きなダメージを受けた。夜になっても足の炎症熱は冷めることなく、体は燃えるように熱く、だるくて眠ることができない。夜中を過ぎ、ようやく休むことができたが、数時間後に目が覚めた時、これまでにない憂鬱《ゆううつ》さが僕を襲っていた。起きることが嫌で嫌でたまらない。３４０キロを走り、疲れ切っていた僕は、もう一歩も走りたくなかったのだ。

そんな時、これまで共に戦い続けてきたテントメイトのハミに励まされた。

「タカオ。今日１日、がんばろう！」

見れば彼のかかとは皮が破けて血だらけだ。彼ももう走ることもままならず、気持ちだけで乗り切っていたのだ。そうだ！ ここまで来たんだ！ ここで負けたらダメだ、がんばろう！　彼のおかげで瞬時にそう思い直すことができ、スタートを切った。

　その気持ちに天も味方をしてくれたのか。８日目はこのレース唯一の曇り空となり、風も吹いていた。おかげで気持ちも軽くなり、世界中から集まったランナーたちと走れることにも喜びを感じることができた。この日の49キロはあっという間に過ぎ、ついに最終ステージを迎えることとなった。


　最終日となる９日目。ラストは１３２キロだ。この日ですべてが終わり、すべてが決まる。前日までの総合タイムで僕はなんと目標以上の８位につけていた。限られたスタッフでチェックポイントや緊急時の運営ができるよう、前日までの順位でグループを分けて、遅いグループから数時間差でスタートする、ウエーブスタートとなった。僕は第３グループの８時スタート。体はボロボロだが、もうやるだけだ。

　朝の冷たい風で体が震える中、スタートした。１３２キロ。東京～箱根間を走る箱根駅伝の往路は５人で１０７・５キロだ。それよりも長い道のりに向けて、１キロ７～８分のゆったりしたペースで進む。30キロを過ぎると先に出発していた選手たちにも追いつき、40キロでハミにも追いついた。声をかけると明らかにエネルギー不足のようだった。

僕は持っていたエナジーゼリーとドライフルーツを渡した。規則上はペナルティだが、先述のように一緒に戦う仲間の危険時には暗黙の了解とされている行為だ。なんとか彼にも完走してほしい。心からそう思った。その後も選手とすれ違うたび、大きな絆《きずな》を感じパワーをもらった。

50キロが過ぎ、60キロが過ぎ、中間地点となる66キロの「チェックポイント4」には約10時間で到着した。そこで到着を逆算し1時間前に走りながら仕込んでいた、水で作れる赤飯を食べた。ひと粒ひと粒、噛《か》みしめる。うまい。米のありがたみが心にしみてくる。空腹は満たされた。だが、ひどく疲れていた足がそれで回復することはない。

日が落ち、暗闇となった。

日中の25℃から一気に10℃を下回ってくる。足裏は走る衝撃で腫れて痛み、体は寒くて震えだす。ダウンを着て寒さをしのぐも力が入らず、ほぼ歩くスピードくらいにペースが落ちていた。何人もの選手に追い抜かれた。84キロ地点で順位を確認すると後ろから5番目だ。まずい。ここで今まで使わずにとっておいた携帯音楽プレーヤーを使う。レースでは、風の音を聞き、景色を見ながら走るのが好きなのでいつもは聴かない。だがここぞという時に使って、逆境を打破するアイテムとして温存していたのだ。KAN

の『愛は勝つ』や大事MANブラザーズバンドの『それが大事』など、聞き慣れた応援ソングを聴いた。どこに残っていたのかパワーが大爆発した。困難で挫けそうになり、逃げたくなる。そんな気持ちに寄り添ってくれる、背中を押してくれる歌詞がとてつもない力で心を貫いていく。加えて、今まで日本語を話せず聞けず、溜め込んできたフラストレーションが弾けたのだろうか。本当に嘘《うそ》のようだが、完全復活した僕はダウンウェアを脱ぎ、一気にダッシュ。3人を抜き、猛烈な巻き返しをみせた。

そうして100キロを通過するも、曲によるトランス状態は残念ながら2時間程度で切れ、一気に反動がやってきた。「最後に愛は勝つ」のではなかった。アドベンチャーマラソンは甘くなかったのだ。そこで食事をとって食欲が満たされると、今度は強烈な眠気がやってきた。当然だ。この時、午前0時30分。まる16時間半、起きて走り続けているのだ。疲労の限界はすでに超えている。いつでも眠れるギリギリの状態。そんな中、ほとんどない体力を振り絞り走り続ける。しかし体は「止まれ」と言ってくる。「できる」と自分をだましながら、走り、歩き、走り、歩き、走る……。

1時間、2時間、3時間が過ぎただろうか。何をしても眠い。どこかでひと眠りしたいが、気温０℃の中で体温が上がらない僕は、寒すぎて止まることもできない。おなかも空いた。体温を上げるために食べないといけない。でも食べるともっと眠くなるから食べられない。でも食べないと走れない。走らないと眠い。でも疲れ切って眠くて走れない。〝でも〟のループだ。もはやどうすればいいのか冷静に思考をめぐらせることもできない僕は、ただ前に進むしかなかった。

さらに試練はやってきた。ライトの電池が消耗し、ほとんど前が見えなくなってきた。あたりは真っ暗で前後に選手はいない……。意識がまともじゃなくなり、視覚に異常が現れてきた。

「ア、アスファルトに、こ、苔《こけ》が生えている！」

真っ黒の道路が緑に見えたのだ。さらにまわりにはいるはずのない人やベッドが見える。道路の白線がぐにゃぐにゃ曲がって見える。視覚に加え、平衡感覚もおかしくなり、まっすぐに走ることもできなくなった。夜明けまではまだ何時間もある。

音楽を聴いても、顔を叩《たた》いても、ビデオで自撮りしても、一向に眠気や疲れはとれない。どうにか１１５キロ地点のチェックポイントにたどり着いた。ここでスタッフと会うが、どうやら僕はまともに会話ができていないようだった。

「タカオ！　タカオ！　君は今まともじゃない！　ここで少し休め！」
そう言われるも、僕は立ち止まることを拒否し再び進んだ。少し休んだほうが良かったのかもしれない。でもここが自分の限界だと認めたくなかった。意志を貫きたかった。だが、もう精神はギリギリを超え崩壊寸前。コース脇に座り込む。一瞬で寝落ちするが、数分も経たないうちに凍りつきそうになって目が覚める。今思えば、あの時目が覚めたことは奇跡だったかもしれない。あのまま眠っていたらおそらく今、僕はここにいない気がする。ガタガタと震えあがる体は、もう止まることも、座ることもできず、ただただ前に進むしかなかった。10歩歩いては立ち寝、また10歩歩いては立ち寝、そんな状態になっていた。

そんな時間が2時間も続き、朝6時半ついに朝日が昇った！　夜通し走った時、似た経験を何度かしたが、本当に太陽のパワーはすごい。太陽の光を浴びるや人間としてのパワーがでて、目も普通に見えるようになったのだ。そして気がつけば残り7キロだ。残る力なんてもうなかったはずだが、どこかから湧いてきた力を振り絞って走り、歩いた。そして、ついに、ついに長いゴールを迎えた。赤色の大地に立てられたゴールフラッグ。その奥にそびえるのは世界遺産エアーズ・ロック。完走を盛大に迎えてくれるスタッフや先にゴールした選手たち。彼らの存在はこの時の僕にとって世界遺産以上に貴重なものだった。

「やっと、やっと、やっと、やっとだ。ゴールだ!」

フィニッシュラインを越えると同時に、僕はジェロームの胸に飛び込んだ。

「完走おめでとう! タカオ!」

ずっと応援してもらってきていた彼からこの上ない言葉をもらい感極まる。５２１キロの「ザ・トラック」を日本人初走破。その目標を達成でき、大きな感動が込み上げてきた。でも本当は、生き延びた……という気持ちのほうが強かったかもしれない。それだけ長い長い長い道のりだった。最終ステージ１３２キロを24時間53分で走り、合計タイム79時間38分、10位という結果だった。

僕のゴールからしばらく経ち、ハミがゴールへと向かってきた。足を引きずる彼に、僕は大声で完走を祝ってハグをした。

「よかった! ハミ、ゴールおめでとう!」

ボロボロになったもの同士、お互いを讃《たた》え合った。彼は最終ステージの夜中にチェックポイントで休憩して再スタートした後、逆走していたらしい。幸いにも後続選手と出くわし気づいたらしいが、彼も方向さえわからなくなるほど限界だったのだろう。

その後も続々と選手がゴールにたどり着いた。みな満身創《そう》痍《い》だったが、最後は力強くフィニッシュした。日本では情報を入手することが難しい世界中の長距離レースを教えてくれたフランスのフィリップ、英語を話せない僕にも毎日声をかけてくれたムードメーカー、ルクセンブルクのチュン、抜きつ抜かれつでいつも励まし合っていたイタリアのイタ、65歳の高齢にもかかわらず完走し、チャレンジする人間の素晴らしい姿を見せてくれたアルゼンチンのラモン、どれだけ遅くゴールし眠る時間がなくなっても前に進み続けたスペインのカルロス、人がやらない過酷な中東の砂漠レースなどにも挑んでいるイタリアのロベルト、毎日体調や足の状態を診てくれたフランス人ドクターのブルーノ、トラブルがありながらも、この大会をやりきってくれた主催者のジェローム。選手、スタッフ、みんながかけがえのない戦友だ。

ゴール後はエアーズ・ロックの麓のホテルに宿泊。10日間を戦い終えた僕たちはどでかい肉を食べ、ぐっすりと寝た。夢の中でこのレースを振り返っていた。

やるぞ！と心に決めるまで相当怖かった。完走できないかもしれないし、日本人がいないことでコミュニケーションがとれないかもしれない。耐え切れないほどのけがや痛みがあるかもしれない。でもいざ飛び込んでみるとなんとかなるものだ。世界には、僕より度胸のある人間がたくさんいる。ハミのように英語ができない人もいたし、僕よりもっと走れない人もいた。それでも彼らはチャレンジを続ける。その魂と度胸を自分も身につけたいと思った。

練習や装備アイテムの最適化、軽量化など準備をしてきた成果はあったし、なによりもこのレースで大きな経験と自信を得た。それは５２１キロを走れたという体力的なことより、精神的な部分だ。日本人初、日本人ひとりだけの参加、大学の先輩からの寄付や企業からのシューズや食品の商品提供など、応援していただくことのプレッシャーもあった。それを克服し、この道で勝負し続ける決意がさらに揺るぎなくなった。もちろんレースでは、まだまだやれることはあったが、今回の僕にはこれがすべて、これがベスト。上位選手のほとんどは走ることに何年も何十年も情熱を注いできた40〜50代のランナーだった。何年も走っていると誰だって大きな障害のひとつやふたつはあったはず。辞める理由なんて数え切れないほどあっただろう。それでも辞めずに走り続けてきた日々が、とてつもなく力強い走りになっている。具体的にそんな会話をしたわけではないが、ランナー同士だ。己の限界に挑み走る姿を間近で見ることでそれはすぐにわかる。だから僕がこれからすべきことは、日々を積み重ねることだ。平凡に毎日を過ごすのではなく、1回でも多く勝負すること。失敗して気づきを得ること。そして芯のある強い人間になっていくこと。

同ホテルでの表彰式。ジェロームや女性スタッフから各選手へ、お祝いの言葉とともにフィニッシャーメダル、Tシャツ、記録証が渡される。順位の下位選手から順にひとりずつ行われていき、男性陣はみなジェロームにハグをして女性スタッフとチークキスをしていた。それを見て僕は察した。これが国際的マナーなんだと。そしてチークキス初体験の僕の番が回ってきた。ドキドキだ。初めは右頬なのか、左頬なのか。手は相手の体のどこに添えるのか。考えだすとすべてがわからなくなってくる。だが考えうる限り自然に試みてみる。するとあたりからドッと笑い声があがった。結果は大失敗だったが、少しだけ大人に、少しだけ国際人になった気がした。

RESULT

「ザ・トラック」

日時：2015年5月6日〜5月15日

場所：オーストラリア

距離：521キロ（全9ステージ）

順位：10位（参加者全24名）

合計タイム：79時間38分00秒

RACE MOVIE ▶

「ザ・トラック」の
動画はこちらから!

第4章 ファースト・ペンギン

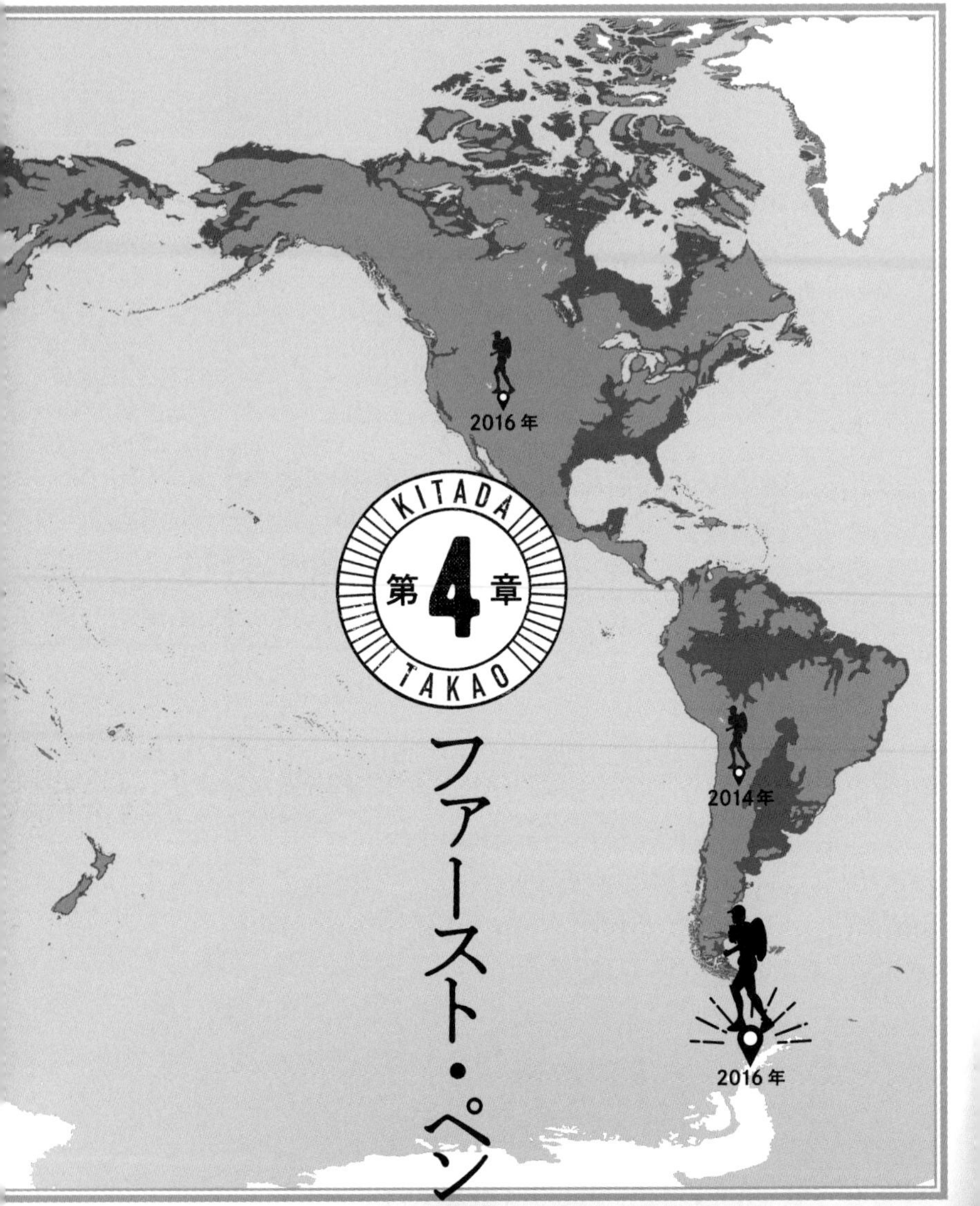

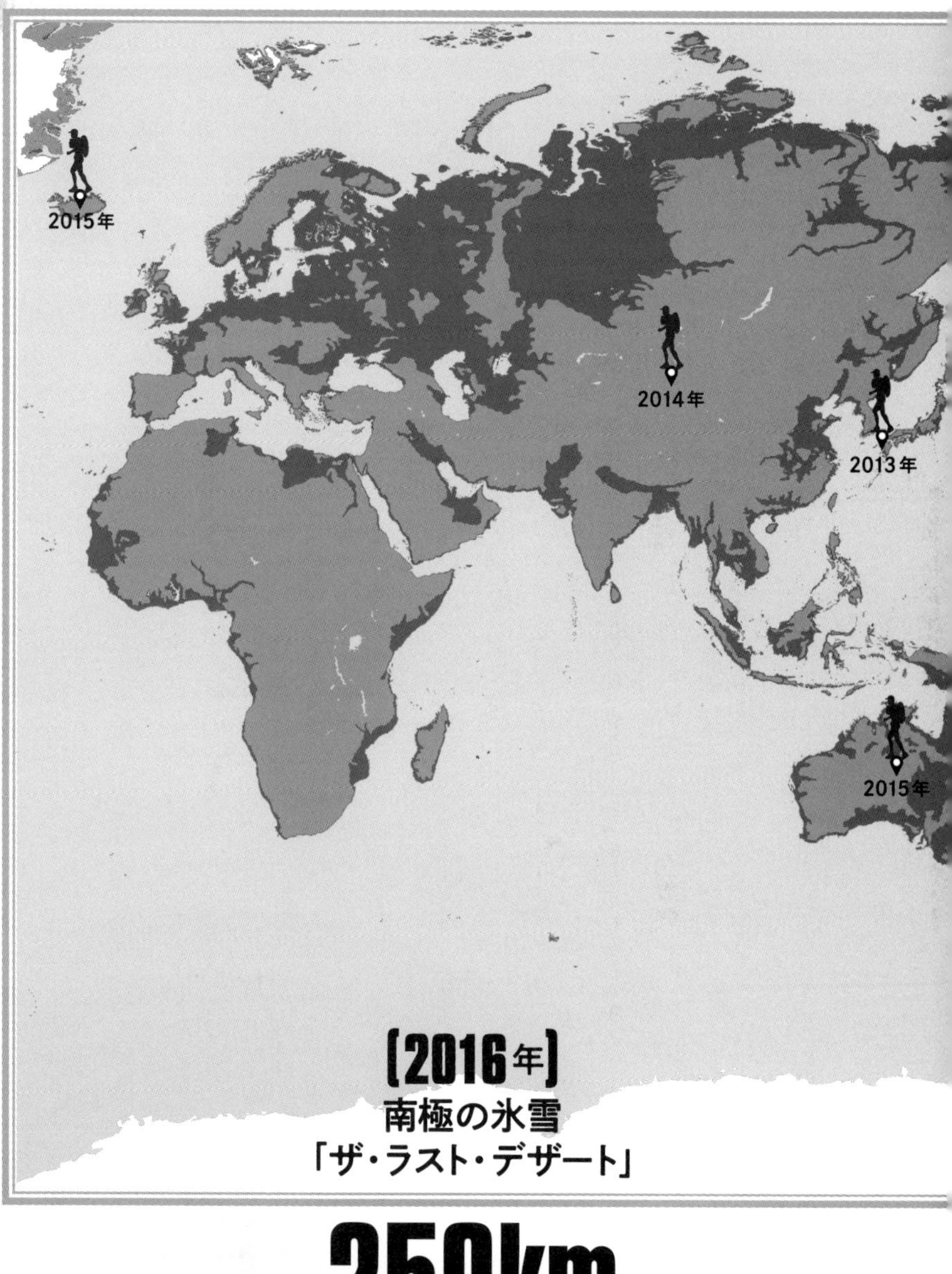

250km

初めての南極、初めてのチーム戦

南極大陸唯一のレース「The Last Desert（ザ・ラスト・デザート）」に向けて、日本を飛び立ったのは２０１６年11月14日。前年までにアジア、南米、オーストラリアの３大陸を走り終えた僕は、この年、南極の挑戦前にアフリカ、北米大陸を狙った。

５月のアフリカ、ナミビアのナミブ砂漠で開催された６ステージ２５０キロの「Sahara Race（サハラ・レース）」は失敗に終わった。経由地の北京で飛行機遅延が起こり乗り継ぎに失敗したのだ。振替便は翌々日以降しかなく、レーススタートに間に合わず失格となったのだった。もちろんエントリー費（約45万円）は返金されず、航空会社も保証してくれず、悔しさでいっぱいになった。北京から帰国しようかとも思ったが、悔しい経験は将来の糧になることに期待して、あえてレース途中の３ステージ目（残り１７０キロ）から参加することにした。しかしトラブルは続く。ナミビアのウォルビスベイ空港に到着すると、僕の預けた荷物が届いていなかったのだ。あらかじめロストバゲージするリスクは見越して多くの装備は機内持ち込みのリュックに入れていたので、最低限の支障をきたしただけでレースに参加することができたが、やはりレースでの影響は大きかった。もう二度とこんな失敗はしないと誓った。

９月。アメリカの「Grand to Grand Ultra（グランド・トゥ・グランド・ウルトラ）」６ステージ２７３キロに出場した。舞台はグランドキャニオンからスタートする荒野だ。同じ轍《てつ》は踏むまいと日程に余裕を持って航空券をとり、万全の状態で臨んだが、今まで一度も経験のなかった足裏の母指球付近にマメができてしまい、日を追うごとに前足部の広範囲へと広がり化膿《かのう》した。激痛と戦いながらのレースとなった。細菌感染などで一歩間違えれば大事になるかもしれない事態であったが、１３０名中８位という結果でフィニッシュした。

そうして５大陸目のレースとして「ザ・ラスト・デザート」を迎えたのだ。

知人の南極大陸レース経験者に何が一番苦労したのかを尋ねると、過酷な自然環境でもレース自体でもなく、意外にも、「移動」とのことだった。その通りだった。

日本の関西国際空港から、まずはオランダ・アムステルダムまで11時間50分。乗り継ぎに６時間。飛行機を乗り換え、アルゼンチン・ブエノスアイレスまで14時間。乗り継ぎ4時間25分。そして再び飛行機を乗り継ぎ、世界最南端の都市で、レースの集合場所となるウシュアイアに到着。関空の出発からは合計39時間50分を要した。さすがに、ここまで長いフライトと移動を体験したことはなく、ものすごく疲れた。狭い飛行機の座席でむくむ足と、時差でぼーっとする頭と向き合いながら、ただ時間が過ぎるのを耐えるだけだった。まさに修行のような移動だ。

ウシュアイア国際空港からタクシーで宿へと向かった。11月なので南半球は春なのだが、南極に近い都市というだけあり雪が降っていた。海に面した港町の家は、カラフルな建物が多く、遠くには白みがかった山脈が見える。観光地なのでメイン通りにはみやげ物屋やアウトドアショップが立ち並ぶ。その一角にあるホテルに到着した。治安も悪くないようなので、宿泊費を安く抑えるため4人部屋のドミトリーを予約していた。ホテルには南米や韓国からの観光客がいたが、混み合っておらず、ゆったりと部屋や共有スペースを使うことができた。

ひと息ついて、少しだけ街を散策してみた。あちこちに南極を想像させるペンギンのイラストやおみやげがある。そして、全身が赤と白の縞《しま》模様で、顔にも同じく赤と白の縞模様のお面をかぶった人間のオブジェがある。頭を抱えたようなポーズをしているそのオブジェの正体はわからなかったが、一応記念に写真を撮っておいた。のちにわかったが、正体はヤマナ族という先住民族で、裸で生活をしており体に油などを塗っていたとのこと。観光をひと通り終えた後〝チームメイト〟のひとりである吉澤さんと合流した。吉澤さんは僕よりひと回り以上年上で、山や長距離レースの経験も豊富。僕のようにヌケてなく、準備もきっちりとしているのでとても頼りになる。

そう、今回のレースで僕が初挑戦となるのは南極大陸だけではなかった。アドベンチャーマラソンの中でも、限られた大会で用意されている「チーム戦」に出場したのだ。チーム戦は3名以上が並走しながらスタートからゴールまでのタイムを競うもので、リレーや駅伝のように繋《つな》ぐものではない。メンバーそれぞれが、自らで準備した装備で挑むが、いかなる時も並走することがルール。そのため、ひとりのトラブルがチーム全体に影響するし、ひとり脱落すればチームもリタイアとなる。「サハラ・レース」で一緒だった吉澤さんと、翌日に合流する宮崎さんとの3名で、6月ごろチームを組むことを決めたのだ。目指すはチーム戦「1位」だ。チーム戦への参加は中国チームと僕たち日本チームの2チーム。まさに一騎打ちだ。

翌朝。吉澤さんとティエラ・デル・フエゴ国立公園へと、レース前の調整をかねてランニングに行った。山と海に囲まれた自然公園を20キロほど走り、世界の果ての列車である南フエゴ鉄道の駅に立ち寄った。鉄骨と木で作られた美しい建物に、歴史ある写真や備品が展示されている。ホームに行くと、ちょうど列車が蒸気をあげていた。赤く小さな蒸気機関車が現役で動いている。１９０９年の開業以来、１００年を過ぎてもこうして歴史を積み重ねているのが本当に素晴らしい。果ての地ならではの魅力を堪能したあと、ホテルに戻ると宮崎さんと合流した。宮崎さんは僕よりふた回りも先輩になる。青森県弘前市で旅館を営んでおり、ホテルの共有キッチンで手際良く作ってくれた料理が抜群においしかった。

豪華なクルーズ船と南極大陸上陸!?

ウシュアイアのホテルにて競技説明が始まった。

レースの参加者は61名。スタッフ８名を加えた総勢69名で、南極へと船で向かう。いまだ英語が苦手な僕は、いつも通り雰囲気を察しただけで終わった。毎回、語学の壁にぶつかるので、もちろん英語の勉強はした。やさしい英語で書かれたマンガから始め、単語や英文法、英会話の本を何冊も読んだ。英会話サークルに行ってみたり、英語がペラペラな通訳案内士の輪に飛び込んだこともあった。そのかいあって少しは上達した。だが最後には、もう英語は話せなくても〝なんとかなる〟という自信と経験を得ているので、ノリで乗り越えることにほとんど不安を感じなくなってしまっている。人間の慣れとは怖いものだ。それでも主催者は2014年の「ゴビ・マーチ」などで何度か会ったことがあったし、カナダのジャン＝フランソワは、同年に挑戦した「アタカマ・クロッシング」のテントメイトだった。台湾のフォン・チーとも「ゴビ・マーチ」で出会っていた。類は友を呼ぶ。他の参加者にも知った顔があったので、不安な気持ちは少なかった。受付を終え、大型スーツケース1個と大きなリュックを背負い、船へと向かった。

これから9日間を共にするのはプランチュスという旅客船。元はオランダ海軍によって1976年に作られた海洋研究船であり、2009年に改修されて今なお活躍している。53の客室があり116名が乗船できる。客室はふたつのベッドと収納スペース、机、椅子、テレビ、シャワー、トイレがついている。また乗客が入ることのできるデッキ2（2階）からデッキ6（6階）にはレストラン、展望ラウンジ＆バー、オープンデッキなどもあった。僕は吉澤さんと4階のデッキ4の部屋で同室となった。

出港後はタイムスケジュール通り。ライフジャケットの使い方を学び、避難訓練が行われ、上陸時に使用する装備一式から、環境に影響を及ぼさないよう塵《ちり》や埃《ほこり》などの不純物を掃除機で吸い取った。

夕食は豪華で素晴らしくおいしかった。通常50〜60万円の乗船代となるクルーズ船というだけあって毎晩コース料理が振る舞われたのだ。大会参加費１５０万円の中に乗船代も含まれているから当然なのだが、過去のレースではありえなかっただけに、ものすごく贅沢《ぜいたく》だった。船内では選手以外に一部の観光客もいたが、みなセレブ感あふれる紳士淑女ばかり。アドベンチャーランナーになるまで、南極観光の旅など考えたこともなかったが、世の中には、このような人たちもいるんだと実感した。

装備チェックで、緊急用ダウンパーカの保温性能不足との指摘を受ける。だが、もう買い足すこともできない。重ね着でなんとかクリアした。船旅に備えて両耳の後ろに貼る酔い止めパッチを８ユーロで購入した。というのもこれから南極大陸へとたどり着くまでに約１０００キロ、２日間あり、途中には世界で最も荒れる海域のひとつ「ドレーク海峡」が待ち受ける。時には10メートルを超える荒波になり、プロの乗船員でも船酔いになるらしい。乗り物に弱い僕が耐えられるわけがない。即購入した。

散々覚悟して迎えた翌日にドレーク海峡へとさしかかったが、意外と少し気分が悪くなっただけだった。そして3日後、無事に南極大陸へとたどり着くことができたのだった。

当日朝5時に起きると、部屋にある小さな窓から白い大地が見えていた。

「南極に着いたんだ！」

はやる気持ちを抑えながら準備を済ませた。簡単な競技説明を受け朝食のブッフェを食べた後、6時半から上陸開始となった。上陸するために、船の側面に準備されたゾディアックボートという7人乗りの小型船で向かう。選手たちはライフジャケットを身につけ、足に専用ブーツを履いて、さらに靴底を洗浄してから乗り込んだ。ボートは勢いよく進み、みるみるうちに目の前の大陸が近くなる。そしてあっという間に南極へとたどり着いた。

「南極だ！　ついに上陸だ！」

周囲は雪が降り積もっていたが、上陸地は土や石のある黒色の大地だった。南極に大地があることはもちろん知ってはいたが、実際にその大地を踏みしめると子どものように興奮した。僕が人生で大きな影響を受けた方に、冒険家の植村直己《なおみ》さんがいる。彼が願っても願っても来られなかった南極。時代が変われば常識も変わる。21世紀の今は冒険家でも研究者でもない一般人ランナーが、今こうして南極に上陸している。南極でさえ観光で行けてしまう現在を植村さんはなんと思うだろうか。

　写真撮影を終え、スタート時間となった。レースが終わるころに気づいたのだが、実はここはまだ南極〝大陸〟ではなく、キングジョージ島という南極海にある島だった。生物・地学を研究するのに適しているようで、アルゼンチン、チリ、ロシア、韓国、中国、ポーランドなどの観測基地が密集しており、郵便局や教会もあった。

「ザ・ラスト・デザート」は安全上の理由から、悪天候で途中中止になることや、開催しない日がでる可能性もあるレースだ。またコースも主催者が管理できる周回コースとなる。そのため毎日の制限時間内に、コースを何周できるかを競う。そしてその日の競技が終われば、船に戻って夕食を食べ、夜はベッドでぐっすり眠ることができる。しかも次のポイントへ移動しているおまけ付きだ。船から上陸できる地点（南極大陸のはし）なので、ブリザードが吹き荒れるような〝ザ・南極〟という環境ではない。はっきりここで告白する。正直、これまで、そしてそれ以後のレースと比べると、なんともアドベンチャー感のないレースであることは間違いない。それでも、僕の人生にとって重要なのは「日本人初アドベンチャーマラソン7大陸走破」なのだ。とはいえ、もちろん過酷な環境であることに変わりはなかったのだが。

チーム戦の難しさとそこから得たもの

レースが始まった。1日目は約12キロの周回コースを、制限時間13時間で競う。気温は2℃。南極とは思えないほど暖かく感じた。風もほとんどなく、気持ちのいい日だった。チーム戦で1位を狙う僕たち3人は、スタートから勢いよく飛び出す。だが雪はかなり深い。雪の中は、ものすごく走りづらく、脚に負担が大きい。1周目の約10キロを超えたころにはペースが落ちてしまう。2周目に入ると宮崎さんの足が攣《つ》ってしまう。走るとき片足をかばうと、もう片方の足は攣ることが多い。慣れない環境に体がついていかないようだ。最近は多忙でトレーニングに打ち込める環境を作れなかったとは聞いていたが、砂漠250キロなど経験豊富な大先輩だ。年下の僕がでしゃばりすぎないよう気をつかいながら、なんとか気持ちが盛り上がるよう、「まだいけます！　がんばりましょう！」と声かけしたり、チームの先頭で走ったり後ろに下がったりいろいろと試みるが、なかなかペースは上がらない。それでもなんとか３人で進み、初日を終えた。到達距離53キロ。ライバルの中国チームは57キロだった。
ちなみに南極には公衆トイレはない。当然だ。また尿などの不純物を残してはいけない。そのため大会側が準備した簡易トイレを使うのだが、これは野ざらしのうえ、便座がちょこんとあるだけ。便座はキンキンに冷えているし目隠しも何もない。僕は便座に座ることはなかったが、女性は相当大変だったと思う。トイレ待ちをする際は、用を足している人が気をつかわないよう、少し距離をとって、直視せず斜めに待つ。これが暗黙のルールであった。

２日目も朝５時半に起床。快晴だった。雪もすぐに溶けそうなほど日差しが強い。船は昨日より１００キロほど南下した、デセプション島のテレフォン湾に停泊していた。この島は海底活火山のカルデラ島であり、温泉が湧き出ているらしい。今回はレースなのでそんな予定は組み込まれていないが、もう一度南極に来る機会があるのなら、今度は「南極の温泉」を訪れてみたいものだ。１日目は13時間走ったが、体の調子は良く朝食ももりもりと食べた。なんといっても朝から豪華なブッフェなのだ。数種類のパン、オムレツ、ハム、スープ、新鮮なフルーツ、ヨーグルト、ビスケット、フルーツジュースなど、過去のレースでは考えられないくらい贅沢だ。

　昨日同様、小型ボートで上陸し、8時半からレーススタートとなった。2日目は16時半までの8時間、1周3キロの周回コースをぐるぐると回る。走るにつれて風景が変わっていく新鮮さもなければ、感動するような絶景が見えるわけでもなく、正直、ちっとも面白みのないコースだった。本来、僕が求めているのは中途半端なアドベンチャーではなく、命の危険を感じてヒリヒリするようなチャレンジなのだろう。それがこの3年間でより色濃くなってきたように思う。これなら普段走っている長居公園の周回コース約2・8キロのほうが面白みがあるとさえ思ってしまった。緑は多いし、子どもから年配の方までいろんな人がいる。楽器の演奏も聞こえてくるし、おっちゃん達が集い、公園のテーブルを利用する青空将棋場まであるのだ。

　とはいえ、簡単で快適なコースではない。日差しで上部が溶け出したべちゃべちゃの雪はものすごく重い。ひとりではなくチームということもあって、互いに励まし合いながら進むことができたのはありがたかった。だが、時間が経つにつれてみんなの体力はなくなっていき、チームメイトの吉澤さんが体調を崩してしまう。慣れない環境で、ひどい腹痛になってしまい、気合いや根性ではどうしようもない状態だ。僕は回復を願いながら、ただ見守るしかなかった。唯一、運よく大きなトラブルのなかった僕だけが気を張って盛り上げようとすることが、空回りしているようにも感じていたからだった。ランナーはそれぞれペースも違えば思いも違う。先行する中国チームに追いつきたいが、逆に離れていく。個人戦にはないチーム戦の難しさを感じていた。そうして制限時間まで進み続け、走行距離36キロでこの日を終えた。周回コースとはいえ、平均0℃の雪中を2日で合計21時間走ったのだ。僕の疲労も大きく、帰船後には体のケアをする余裕もなく寝てしまう。また、夜は船が揺れに揺れて、船酔いにもなってしまった。

3日目。6時半起床。疲れは抜けていない。特に深い雪道を長時間走ることで足首に負担がかかっていたようで痛みがある。もっと休みたいが、そうすることもできず、9時半スタート。今日はついに南極大陸のパラダイス湾でレースが行われる。先述したように、僕は1日目でもう大陸に上陸していると思っていたので、さしたる気持ちの変化は残念ながらなかったのだが。この日はさらに周回コースの距離が短くなって、1周1・4キロ。だが平坦な場所はなく、数十メートルの山を上って下るコースだ。それを延々

９時間……。

同じ場所を何時間も走り続けると、もう景色が綺麗《きれい》だとかそういう感覚はなくなる。ただ前の選手の足跡を追い続けるだけだった。だが、チームのペースは合わない。３人それぞれ走力が違い、体調が違う。コースの得手不得手もある。

目標は１位。そこに３人で向かってはいくのだが、ここは南極なのだ。景色も楽しみたいし記念の写真も撮りたい。無理してでも１位を獲りたい僕とは目標に対する温度差も多少はあった。だが、一生におそらく一度になるであろう南極のレースに高いお金をかけ時間を工面して来ている、もともとは個人戦で参加予定だったメンバーだ。だからこそそれぞれが求めているレースにならないといけない。自分だけがどれだけ強く思っていてもチーム全員がそうならないと意味がない。これは過去にも経験がある。

チームをまとめる立場として、高校、大学と陸上競技部の主将を務め、日本一を目指す４×４００メートルリレーチームを束ねてきた。チームの目標達成と、60名を超えるメンバー個々の成長の最大化、その２点を実現するために、自分が率先して行動したり、手抜きできない真剣勝負の練習ムードを作ったり、時々は遊びを取り入れてリラックスしたり、個々の性格を見極めて声かけをしたり、自分なりに試行錯誤を繰り返し続け、組織運営を学んできた。だが、それは何年もの間に信頼関係を築いてきたからこそできたことだった。今の僕には時間と信頼が足りない。だが諦めはしない。3人の力をより発揮できるようにどうにかしなければ。

立ち止まって心を落ち着かせると、不思議な体験をした。音が何も聞こえないのだ。これは南極ならではのことなのだが、あたりに人工的な音が全くないのだ。普段生活していると、たとえば静かな真夜中でもエアコンとか冷蔵庫とかの機械的な音が聞こえるものだ。静かな山でキャンプをしていても、人工的ではないが、もちろん虫の鳴き声とかそういう音はある。この日は風もなかった。こうなると、聞こえる音は、自分の呼吸と雪を踏みしめる音のみ。そして時折、遠くから聞こえてくるのは、雷のように大きく轟《とどろ》く、氷河の氷が崩れ落ちる音だった。見渡せばすべてが白銀の景色。真っ白すぎて距離感や位置すらわからない。見るもの、聞くもの、感じるもの、この空間のすべてが経験したことのない幻想的なものだった。

ほんのわずかな時間だったが、これで初心に返ることができた。開き直れた。

この南極ではチーム戦から学ぶこと、次の氷雪レースに活かせることにフォーカスすることにした。まずチームメイトを理解しようとすることが大事だ。その上で自分には何ができるのか。また自分はどんな状況でストレスを感じ、どうすればそれを和らげることができるのか。雪上ではどうすれば省エネで動き続けることができるのか。学べることがたくさん見えてきた。すべてを前向きに考えることができるようになった。

毎日10時間近くを一緒に走り歩き続けていると、自然とチームには会話があまりなくなるのだが、次第にチームがひとつになっていく。「速い遅いではなく、とにかく全力で前に進み続ける」ということが共通のゴールになっている気がした。今思えば僕自身が生み出し、抱えてしまっていた心の溝が埋まったことも大きかったんだと思う。本当に僕はまだまだ幼い男だ。そうして制限時間までにコースを30周し3日目を終えた。中国チームは先をいっていたが、どれほどの距離が離れているか、もう気にしてはいなかった。

南極大陸走破はペンギンとともに

3日間、長時間レースが続き全参加選手のダメージが大きかったため、4日目は11時過ぎからの7時間の予定となった。今日はウィーンケ島の西海岸にあるダモイポイントで一周3・8キロのコース。相変わらず天気はよく、気温はマイナス1℃。だが風がとても強かった。スタートしてすぐ痛みを感じ続けていた足首が悪化した。雪に足をとられたり、滑らせたりするうちに、足首に無理をさせすぎたようだった。特に下り坂で深い雪を進むのがつらい。僕だけでなくチームメンバーも負傷を抱えていたため、ペースがあがらぬまま7時間を耐えることになりそうだった。

　足が痛むこともあり、軽アイゼンのついた、ペアで３６０グラムあるマイクロスパイクを試してみる。これまでは雪のない大地を走ることもあり、足元を重くしたくなかったため使用を控えていたのだ。装着した感じだと、特に重さは気にならず、走ることも問題なさそうだった。これで雪でもアイゼンが効いて、足首の負担は軽減された。

　スタートして半周が過ぎたころ、風が正面から強く吹いてきた。風は嗅いだことのない匂いを運んできた。花のように安らぐ香りではない。香辛料や汗くささとも違う。獣くさい匂いだ。ふと風の方向を見る。ペンギンだ！　何十頭ものペンギンの群れがいる。

　南極で実際に見る野生のペンギンは、雪に足を埋もれさせながらヨタヨタと歩き、なんとも可愛らしい。体長約80センチ、両目から頭にかけて白い模様があり、くちばしはオレンジ色のジェンツーペンギンだ。その内の何頭かはコースの方へ進んでいる。僕たち人間の存在に気づいても驚く様子はない。氷上にはペンギンの天敵は少ないし、おそらくこれまで人間に襲われたこともないのだろう。共存する生き物として見られているようだった。だがさすがに僕がコース上を走りながら近づいていくと、ぽってりとしたおなかで地面に寝そべり、両羽をオールのように使って雪を搔《か》き、雪の斜面を滑り降りていく。動物園や水族館でも見たことのない滑り方を見て、本当に感動した。

その後、急に天候が悪化した。一気に寒くなった。2周目はさらに風が強くなり、雪山でも使える防寒グローブをしていても手が冷たい。3周目に突入。追い抜いてきたトップ選手から声をかけられる。

「強風で氷が流れてきて船が湾から出られなくなる！　レースは中止だ！」

急いで小型ボートに乗り込む。すると、さっきいたペンギンの群れが海を泳いでいる。陸ではノタノタと歩いていたが、海に飛び込んだ瞬間スイスイと泳いでいる。僕は水族館などになじみがないので、今までまじまじと見たことがなかったが、陸上の遅さと水中の速さ、そのギャップにすごく驚いた。

魚を取るために「我に続け！」と真っ先に飛び込む勇者のことを「ファースト・ペンギン」と呼び、リスクをとって先陣を切るという意味での経済用語として知られている。思えば、僕のアドベンチャーマラソンへの挑戦も、もしかしたら「ファースト・ペンギン」

に近いのかもしれない。多くのマラソンレースで僕より速い、強い選手はたくさんいる。世界的な結果を出している選手もいる。ただし「アドベンチャーマラソン」というレースで7大陸走破を達成しようと試みたランナーは日本では過去にいない。そうだ。だからこそ僕はこの挑戦にリスクをとったのだ。人生で初めて見たホンモノの「ファースト・ペンギン」は、僕にそんなことを教えてくれ、応援してくれるようにも思えた。

帰船した。船はあたり一面の流氷を掻き分けて進む。ゴゴゴゴッという氷を砕く衝撃音とともに突き進む光景は、南極でしか見ることができない貴重な体験だった。

5日目。ダンコ島にて1周3・4キロを5時間で回る。強い風はおさまったものの、あたり一面に霧のような雲がかかり、小雪舞う天候だった。昨日と同じくマイクロスパイクをつけ臨んだが、どうも足首の状態が悪化しているようで、特に右足首はひどく痛み、上下に動かせないほどになっていた。コース上には足が膝下まで深く埋もる部分があり、相当に苦労をした。だが、宮崎さん、吉澤さんとともに疲労が溜まっていながらも、励まし合いながらゴールへと進んでいった。

６日目、最終日を迎えた。最終ステージは三日月の形をしたハーフムーン島を２時間半走る。今日でやっと終わりだ。ここまできたら、あとは無事に完走するのみ。この日も快晴のせいで雪は溶け、足が雪に埋もれて走れないが、みんなで励まし合い、チーム３人でゴールすることができた。最終ステージは12キロ走り、６日間の合計距離は１７６・１キロ。中国チームは１８２・２キロだった。

正直、負けたことは悔しい。日本チームで勝利を喜び合えなかったことも悔しい。なにより自分自身にふがいなさを感じる。チームの意思疎通を図るために、レースが始まる以前から意見交換をして、互いの思いや考えを理解するように努めるなど、もっとできたんじゃないか。自分は３人の中で年齢も若く、少しだけ走力もあった。そのために生意気になっていたんじゃないか。うまくいかなかったことにものすごく反省した。

それでも、学んだことは多かった。人との関係は信頼の上に成り立つこと、それには時間や回数を重ねていく必要があること。だからチーム戦にはそれだけの時間をあらかじめ見積もることが必須だとわかった。

雪の上を走る大変さも思い知った。日照具合や風など、天候によって大きく路面状態が変わり、体感温度も変わってくる。この体験は今後の極寒地レースでの対策に生きてくるはずだ。また、僕は思うようにいかないとき感情の起伏がある。まだまだ精神をコントロールする訓練が足りない。今回は生命の危険こそなかったが、これからはより冷静な判断が求められるだろう。最後まで未熟な自分と一緒に走ってくれて、こうして貴重な気づきをもらったふたりに心から感謝した。「ありがとうございました！」とお礼を伝えて、一緒に記念写真を撮った。

とにかくこれで５大陸目、南極大陸のレースも走破した。

帰国後の会社員生活は今に活きる

帰国翌日、会社に出社した。

実は２０１５年８月から、近畿大学陸上競技部の和田浩《ひろ》志《し》先輩が経営する貿易会社に勤めていたのだ。週４日勤務、９～16時半の時短勤務、競技遠征の特別休暇あり、と競技を優先させてもらえる環境だった。さらにいずれ独り立ちしたいという希望も聞いていただき、正社員だが２年間の期間限定雇用にしていただいた。その後９ヶ月延長してもらい２０１８年５月まで勤務することになるのだが、僕にとっては最高でありがたい条件だった。他の社員のみなさんも快く応援してくれた。業務範囲も、健康食品の営業、化粧品の販促サポート、ブランドウェブサイト運用やマーケティング、ＢｔｏＣオンラインショップ運営サポートと幅広く携わらせてもらい、未来に繋《つな》がる経験をさせてもらった。この経験は、まさに今、自らでイラストレーターを使ってリーフレットやフォトブックなどを制作したり、オンラインコミュニティ運営をしていることに活かせている。

「南極から帰ってきたばかりなのに、もう少し休んだら？」とも言われたがそんな余裕はない。レースのために特別休暇をもらっていたし、お世話になっている和田先輩やみなさんに早く恩返しをしたい。自宅では応援者への報告はがき数百人分を作成し、メディア向けにプレスリリースを配信した。僕にはメジャースポーツのアスリートのようにチームもなく事務所もない。自分ですべてをやらないと誰にも自分の挑戦を知られることはない。知られない限り人に喜んでもらうこともできないからだ。

だから講演活動にもチャレンジしている。２０１５年10月に読売、朝日、毎日の３紙に「７大陸走破に挑む」という記事が掲載されたのだが、その後、講演のオファーをいくつかいただくようにもなったのだ。僕は人前で話すことが大の苦手だが、自分の経験は伝えたいと思い、スピーチに関する本を何冊も読んで一から勉強した。

２０１６年１月、１００年以上の伝統ある社交倶楽部「中央電気倶楽部」で初めて大きな講演を行った。経済界の重鎮が揃《そろ》っており、緊張のあまり頭が真っ白になって何を話しているのかわからない状態になったが、その後回数を重ねるごとに改善し続け、興味のある著名人の話を聞きに行くこともたくさんした。世界を走って撮ってきた写真や動画を活用し、そこで味わったリアルな体験や失敗談を織り交ぜ、まるで聞く人も大冒険に行ったかのように楽しんでもらえるようにした。そのかいあってか、今では企業や業界団体や学校など年に数十回を超える講演やスピーチをさせてもらっている。

　支えてくださる方や、アドベンチャーマラソンについて教えてくださった方々がいて、僕は今も走ることができている。この希少な経験と喜びを、多くの人に届けたい。それに凡人でも壁にぶつかりながら挑み続けて成長できる姿を通じて、チャレンジする面白さを伝えたい。成功や失敗でなく、そもそもチャレンジすること自体が楽しいのだと。一歩踏み出せば、見える景色が変わり、新しい人と出会い、成長の喜びがあるのだと。僕は現役だからこそ届けられる価値があると思っているので、これからも競技に加えて、広く伝える活動にもチャレンジしていきたいと思っている。その「誰もやっていないことにチャレンジし続ける生き方」こそが、僕の価値だと思うからだ。

RESULT

「ザ・ラスト・デザート」

日時：2016年11月21日～11月26日

場所：南極

距離：176.1キロ（6日間の総合走行距離）

順位：2位（チーム戦参加2チーム）

RACE MOVIE ▶

「ザ・ラスト・デザート」の
動画はこちらから！

KITADA TAKAO

第5章

達成！日本人初の7大陸走破！

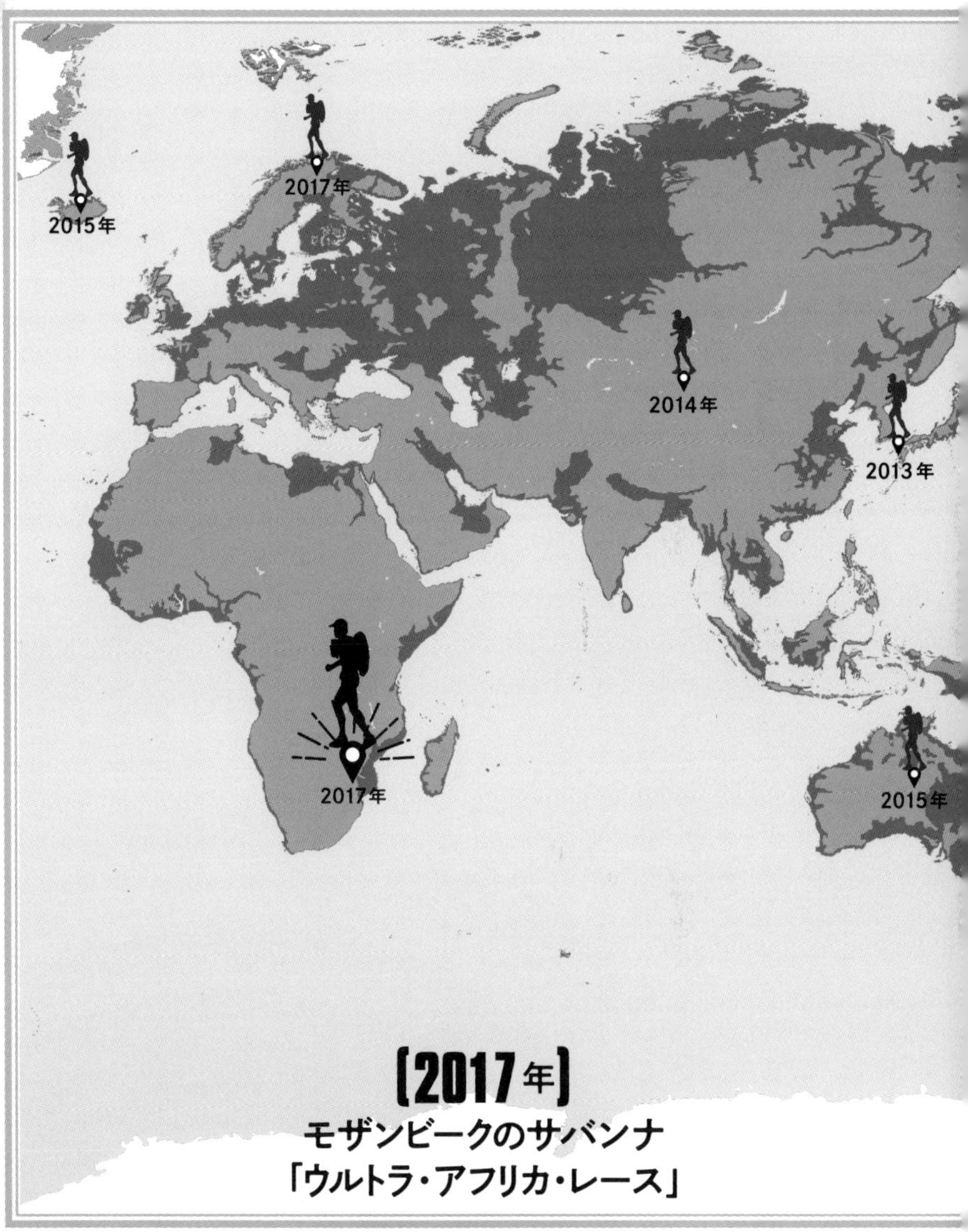

［2017年］
モザンビークのサバンナ
「ウルトラ・アフリカ・レース」

220km

クラウドファンディングにも挑戦

２０１７年。30歳でアドベンチャーランナーとして挑戦を始めて4年目になった。２月。北極圏・スウェーデンで行われた「Ice Ultra（アイス・ウルトラ）」２３０キロを完走し、ヨーロッパ大陸のレースも走破。マイナス20℃の極寒地であったが、南極でのレース経験が活き、自己最高となる3位（27人中）でフィニッシュ。9人がリタイアとなった厳しい環境下でも、安定した力を発揮することができた。これまでの経験が確実に力となってきていた。

人生最大の目標である〝日本人初の世界7大陸アドベンチャーマラソン走破〟まで、残すはアフリカ大陸のレースのみとなった。だが、1レースごとに70万円近いお金がかかるため、貯金も底をつきかけていた。このままでは挑戦を続けていけるのかわからない。競技どころか、これからの人生の見込みもない。その不安と恐怖は相変わらず変わっていなかった。

なんとか資金面での打開策をと思い、これまでも知人からアドバイスをもらうことのあった、インターネットで資金的な応援をしてもらう〝クラウドファンディング〟を活用してみることにした。構想は春から練った。当時、アスリートや冒険家で数百万円の目標額を集めている方もいたが、僕はそこまで大きな額にせず、次のレースにかかる費用60万円を目標にした。ご支援いただいたお返し特典についても考え、「世界7大陸レースの絶景写真と体験談入りフォトブックやポストカード」、「オリジナルTシャツやサングラス」、「壮行会への参加権」などを用意した。支援プランは「３０００円」から「7万円」までの6つを設定。各プランの約半分の額を特典費用に割り当てることにした。そこからサービス利用料の13%が引かれるので、僕の手元に実際に残るのは35%ほどだ。そのため、いくら支援を受けても費用面で苦しい状況が続くことに変わりはない。でも僕は一時的に支援金を得ることよりも、長期的に僕のチャレンジを応援してもらえる仲間を広げることのほうが重要だと考えて取り組んだ。

8月。7大陸走破に向けて応援してほしいと、SNSや個別メールなどで呼びかけ、クラウドファンディングを開始した。結果、１００人以上にご賛同いただき、総額86万円が集まった。しかも、目標の60万円はなんと5日で達成！ みなさんの気持ちがものすごく嬉《うれ》しかった。資金をさらに集めるための追加募集をする方法もあったがそれはしなかった。本当の目的は資金だけじゃないからだ。僕のチャレンジを心から応援していただける方たちと、チャレンジする喜び、物語を長く一緒にわかち合うきっかけにしたかったからだ。その考えもあり、この時、ご賛同いただいたみなさんには７大陸走破の目標達成後の今もレースを終えるたび報告はがきを送らせていただいている。

最後のアフリカ、最強のライバル

２０１７年10月31日。いよいよ７大陸最後のレースとなる、５日間で全長２２０キロの「Ultra Africa Race（ウルトラ・アフリカ・レース）」に向けて関西国際空港を出発した。香港、南アフリカのケープタウンで飛行機を乗り継ぎ、モザンビーク共和国の首都マプトに24時間かけて到着した。昨年５月のナミビアでの笑えない失敗があるだけに、ロストバゲージだけはないことを願った。無事に荷物も現地へと到着していた。

モザンビークは、アフリカ大陸の南東部に位置し、２０００キロにおよぶ海岸線はインド洋に面している。１９７５年にポルトガルから独立するも、独立以降も１９９２年まで内戦があり、世界で最も貧しい国のひとつと言われてきた。とくに医療の水準が極めて低い、とのことだった。マラリアやデング熱などの感染症も流行している地域である。そんな場所で行われるレースのため、僕は狂犬病の予防接種まで打ってここに来た。また、副作用とされる頭痛、腹痛、肝機能異常を気にしながらも、レースのためにマラリア予防薬の服用を続けることにした。

しかし、百聞は一見にしかず。マプトの街は、途上であるが発展していて、ショッピングモールやオフィスビルなどがある。空港や街を見る限り、汚いとか危ないとかいう様子はあまり見られなかった。もちろん一部の地区は危険という情報もあったため、治安の良いホテル周辺でレースまでの数日を過ごした。

ホテルではなじみのあるランナー４人と再会した。２０１５年の「ザ・トラック」に参加していたメンバーだ。まず、68歳になってもチャレンジをやめないアルゼンチンのカラモンがいた。走ることは遅くても、諦めることなくひたすら前に進むスペインのカルロスもいた。残るふたりは、全体９位で女性トップだったイタリアのイタ、全体４位のドイツのラファエルだ。参加者みんなにとってすごく思い出深いレースであっただけに、再会を素直に喜び合った。これまで、８つのアドベンチャーマラソンに参加してきたため、海外ランナーの友人も増えてきた。レースごとに10人ほどと仲良くなるので、世界に１００人近い友達、しかも価値観の合う戦友ができたのは嬉しいことだ。

とはいえ、当然ライバルだ。特に前回負けたイタとラファエル、このふたりには勝ちたい。40代のイタは、走力があることはもちろん、世界中のありとあらゆる大会に参加していて経験値がとてつもなく高い。さらにイタリア語、英語、フランス語、スペイン語など語学も堪能で、どの国のどのランナーとでも仲良くできレースを楽しんでいる。尊敬するやさしくて強いランナーだ。ラファエルは50代、普段は葉巻をくわえていそうなギラギラ感のあるおじさん。ＳＮＳで知る限りなのだが、ドイツでは、テレビに出演し、本を出版するなどタレントのような活動をしている。彼も世界中のレースに参加しており、僕は「ザ・トラック」では16時間差という大敗を喫した。

ほかのライバルもすごい。ともに今回が初めて一緒になるレースだが、トレイルランニング最高峰レースの「Ultra Trail du Mont-Blanc（ウルトラトレイル・デュ・モンブラン）」、通称ＵＴＭＢを２連覇した、この道での伝説のランナーでもあるイタリアのマルコ・オルモ、企業から商品サポートなどを受けているセミプロランナー、スペインのジュレンもいた。参加者は全18名と少数だが、それはつまり、この過酷なレースにはそれだけ経験のある強いランナーしか出場していないことを物語る。僕は最年少だった。

大会主催者はフランスのジェローム。彼の主催レースは二度目ということもあり、僕の参加を歓迎してくれた。ただし、ジェロームの大会は参加者が多くない。これはアドベンチャーマラソンの醍醐味《だいごみ》でもあるのだが、たとえば、お湯を自分で沸かす必要があったり、レースの舞台が危険度の高い環境のため医薬品の準備物が多いなど、条件がかなり厳しいからだ。だからこそ、彼の主催レースは面白い。もちろん日本人では初参加となることも大きかった。アフリカにいくつかあるレース、たとえばサハラ砂漠を7日で２５０キロ走る「サハラマラソン」や、ナミブ砂漠を7日で２５０キロ走る「サハラ・レース」などの中からこのレースを選んだのにはそんな理由があった。情報のない不安はあったが、日本人初、日本人ひとりだけの参加をこれまで経験してきた僕は、むしろ楽しみだと感じられるようになっていた。この環境、このライバルたち。負けたくない! 彼らに勝って7大陸走破のチャレンジを終えたい! 気合いは高まった!

11月3日、朝9時。バスでスタート地点となるシデングエル地区へと向かう。6時間後、湖のほとりにあるロッジに到着した。あたりは砂のように柔らかい茶色の土と南国を想像させるくねくねした木々に囲まれて、ところどころに背の高いヤシの木がある。まさにアフリカの大自然。蚊は飛び交っておらず、一番恐れているマラリアの心配は少し和らいだ。

ロッジはコンクリートとわらの屋根で作られた玉ねぎ型をしており、蚊帳《かや》のついたベッドのあるふたつの部屋とひとつのダイニングが備わっていた。そのロッジに選手たちは分かれて滞在する。僕はフランスのスティーブンと相部屋となった。背丈は僕と同じ１７５センチほどだが、筋骨隆々のたくましい体つきの40代男性。目がクリッとした親しみある顔立ちで、耳元からあごにいたる髭《ひげ》が立派に整えられている。出身はフランスの南西部、ボルドーやピレネー山脈のあるアキテーヌ地区で、肉の販売業をしている。そんな彼とカタコトの英語で挨拶をすると、なんとなくどこかで会った印象をもった。そうだ！　昨年のナミビアの「サハラ・レース」だ！

彼も同じように思い出してくれ、再会を大いに喜び合った。それもそのはず、「サハラ・レース」で最も長く厳しい77キロのステージの途中から並走したのが彼だったのだ。日が暮れてからの暗闇を一緒に走り、時にジャッカルにも出くわす恐怖の中、ゴールまでたどり着いた仲だったのだ。彼も変わらずがんばっていて嬉しい。

そんな感慨にふけっていた瞬間、天井から何か床に落ちてきた。サソリだ！　驚き、たじろぐ僕をよそに、スティーブンはサンダルを履いた足で小さなサソリを踏み潰した。無性に怖くなった。ここはいつサソリが降ってきてもおかしくない場所なのだ。

最強のライバルたちに食らいつけ！

11月5日、朝6時に起床。よく眠れ、良いスタートが切れそうな予感がした。気温は15℃ほどで心地いい。だが、快晴だと日中の気温は35℃を超えてくる。暑さと走りづらい砂、そしてサソリなど怖い虫、そんな過酷な自然環境こそ、このレースの難しさだ。レース対策もかなり慣れてきた。リュックの摩擦で肌が擦り切れないよう腰にはテーピングをし、足裏のマメなどのトラブル回避のために指先にもテーピングをしてケアをした。僕は両足の小指がねじれて横に倒れている寝指となってしまっているため、正常な状態に戻すべく逆方向にねじりながらテープを巻いている。リュックには5日分の食料と寝袋、スリーピングマットなどを詰め、重さは5キロ。あとは水分を途中で補給しながら、5日間220キロのステージレースを乗り切る。初日は36キロだ。

8時、スタート。もう日差しが強い。重たく深い砂の上を走りだす。これまでの砂漠レースでも経験済みだが、この走りづらい、重く深い砂が続くレースは想像以上に体力を消耗することになる。序盤は全選手が互いの様子をうかがいながら進む。数キロを過ぎ、海岸沿いの砂浜にでた。ここから徐々にペースが上がる。マルコとジュレンと僕の3人で並走する。気温は徐々に高くなるが、海沿いの風に助けられてそこまで暑さは感じない。15キロのチェックポイントには並んで到着。しかしスタッフひとりで水分補給対応をしているので、待ち時間の間に差が開く。20キロを過ぎてからは内陸部の風のない場所へと移った。

ここから暑さが厳しくなり、体感気温は40℃を超えていた。気がつけば熱中症気味になり、砂に足も取られ、走ることが困難になった。翌日以降に備えて無理をしすぎない判断をとる。上りは歩き、平地と下りを走る。昨年、オープン参加した「サハラ・レース」では、1日目に張り切りすぎて体力を使い切り、翌日に失速した失敗があったからだ。初日のゴールは3時間49分。トップのマルコと24分差の2位だった。

キャンプ地は木に囲まれた農村の一角。ふたり用の小さなテントが並んでおり、中央にはくつろぐためのゴザが広げられている。トップを狙いたい半面、タフなコースに順応できていない自分もいた。とにかく少しでも体力が回復ができるよう、日かげで休みながら明日に備えた。

2日目。朝5時起床。夜も特に寒さを感じることなく熟睡できた。Tシャツと短パン、薄手の寝袋を羽織るだけでちょうどよかったので、10〜15℃くらいだったのだろう。朝食はエナジーバーとナッツとグミ。グミといっても、お菓子ではない。タンパク質、ビタミン、ミネラルなど人間に必要な栄養素がすべて入っている完全食で、今回から取り入れたものだ。重さあたりのカロリーが高い食品を揃《そろ》え、荷物の軽量化を図ることもでき、これまで以上に勝負できるようになった。1日2杯分を用意していたコーヒーは、朝よりもレース中に摂取するほうが活かせると思い、とっておくことにした。カフェインによる疲労緩和や効率よく脂肪をエネルギー変換させる狙いもあるが、純粋にコーヒー好きなことが大きい。僕のエナジー飲料のひとつなのだ。

7時。39キロのレースがスタートした。すぐに暑くなった。マルコ、ジュレン、ステイーブンと4人で並走していたが、どうも体調がすぐれない。徐々に気分が悪くて倒れそうになってしまう。ペースを落とさざるをえず、先頭集団から離れてしまった。水を頭からかぶり続けるが、一度崩した体調はなかなか回復しない。ひとつ目のチェックポイントに到着した時には、食欲もかなり落ちていたが、エネルギーを摂るためにナッツとグミをなんとか流し込む。少し休憩して再スタート。自分の体と相談しながら1キロ7〜8分のペースで走り続ける。ペースを落とした分、少しずつ気持ち悪さは回復した。だが、上り坂はまだまだ息があがり、体力の消耗も激しい。結局、本調子まで戻ることなく4時間54分でゴールした。それでも順位は昨日からひとつ落としただけの3位だった。やはり他の選手にとってもハードなレースなのだろう。走り終えると、手足はしびれ、目は回り、気持ち悪さもひどい。高熱と乗り物酔いが同時にやってきたような苦しさだ。そのまま地面に倒れ込むしかなかった。あまりにも体調がおかしい。

「もしかすると体調が悪く食欲がないのは、マラリア予防薬の副作用ではないのか？」

そう思い、明日からは薬を飲まないことに決めた。この日のキャンプでは、体がフルーツの酸味をものすごく欲していたために、たいしておいしいとは言えないが、落ちているマンゴーを4個食べる。これはルール上問題なし。だがそのうちの1個の熟したマンゴーに数センチほどの白く細い何かの幼虫を発見した。時すでに遅し。もう大部分を食べてしまっていた。良質のタンパク質が摂れたと自分をごまかし、とにかくおなかを壊さないことを願った。キャンプ地には見た目が綺麗《きれい》な水辺があったので、火照った体を冷やすために入水する。水は少し濁ってはいたが、とても気持ちよかった。

3日目は51キロ。少し距離が長くなる。マラリア予防薬を飲まなかったおかげか、気分の悪さと吐き気は少しマシになった気がする。右足の小指にできたマメの水を針で抜き、テーピングを施した。少しでも内臓に負担をかけないよう、朝食は時間をかけゆっくりとった。持参していた完全食のグミは、もともと小指の先ほどのサイズなのだが、それですら食べづらかったので、さらに4分の1サイズにカットし、走りながらでも流し込めるよう工夫をした。少しでも前に！という一心だった。

だが、レース序盤からトップ集団にはついていけなくなった。ライバルであるラファエルやスティーブンにも遅れをとった。でもここで焦ってはいけない。マイペースでいかないと体がとてももたない。幸い、この日は雲があり、暑さはかなりしのぐことができた。とはいえ、それでも日本の猛暑日ほどに暑いのだが。イタにも追いつかれた。2

日間は気づかなかったが、彼女はずっと僕の少し後ろを走っていたようだ。

コースは木々や田畑のあるサバンナ地帯の道が続く。その風景はほとんど変わらず、単調で面白みがない。単調さは実は苦しい。だが、この苦しさもアドベンチャーマラソン。ラスト10キロは湖沿いの砂浜。太ももあたりの腸腰筋が重く、足を上げるたびに痛みがでる。足は前にでないが、なんとかできることをやり切った。結果は6時間51分で5位。トップのマルコはもちろん、続くラファエル、イタ、スティーブンにも追いつくことは叶《かな》わなかった。足の疲労が強い。明日も満足に走れないだろう。だが、とにかくマイペース。淡々と前に前にいくことで結果はついてくる。

いつだって僕はそうだ。一足飛びにはできない。学生時代もそうだった。中学、高校、大学と自分の限界を少しずつ少しずつ押し上げ続けることで、気がつけば、日本選手権3位という高みに上ることができていた。アドベンチャーマラソンでも、僕より走るのが速い人や、先に始めていた人もたくさんいた。それでも地道に進み続けることで、7大陸の最後までやってきたんだ。誰かと比べて落ち込んではダメだ。まずは弱い自分を受け入れて、そこから一歩でも前進する。そうすればきっと想像を超える場所に立つことができる。過去の経験を振り返りながら、瞬間的に自分に言い聞かせた。

レース4日目、47キロ。昨晩は足の炎症がひかず、なかなか寝つけなかったが、快適な気温のため朝までぐっすり休むことはできた。空はどんより曇っており、雨が降りそうだ。ここ数日の暑さから逃れることができそうだし、水を含んだほうが地面の砂も固くなって走りやすくなるかもしれない。

スタート前、ジェロームに3日目までのタイムと順位を聞かされる。2～5位までが30分差以内の大接戦とのこと。僕はかろうじて2位だが、3位と1分差、4位と10分差。1位のマルコとはすでに2時間の差があり逆転はきびしいが、なんとかこのまま3位以内をキープしたい。いや、するんだ！ 心の中で自分を鼓舞した。だが、気持ちがあっても体は回復することはなく、食欲もない。食べることがつらい。無理やりエナジーバーとナッツを食べた。胃に投げ入れた、というほうが正しいかもしれない。そしてレーススタート。小雨が降っていた。

マルコ、ジュレン、ラファエル、そして僕。上位4選手が集団で進む。1キロ5～5分半と少しペースは速いが、ここで脱落すれば先はない。太ももの前側が痛むので、まだ少し余裕のある太ももの裏側、ハムストリングスを使って走り、なんとか食らいつく。

もうすぐ15キロのチェックポイントだ。おそらくここもスタッフひとりで水分補給が行われるはずだ。その順番待ちで遅れをとらないよう、先着すべく飛び出す。だが、全員が同じことを考えていた。残り1キロあたりから一気にペースが上がる。ラファエルがしかける。僕も必死についていきながら食料を手に取り、胃に流し込む。水分も摂る。手には空ボトルを準備しながら走った。到着はラファエルに遅れをとり2番目。順番待ちで彼は10秒ほど先になってしまったが、残るふたりより先に出ることができた。1日に何時間も走るうちの、たった10秒と思うかもしれない。だが、並走して競り合っている中での10秒はものすごく大きいのだ。集団からひとり遅れをとってしまうと、追いつくことにはすごい力を要する。逆にここで前に出ていれば安心感は大きい。そのため、僕は食料補給でも1秒でもタイムロスを減らせるよう、チェックポイント前に食料をとってスムーズにレースを続ける方法を取り入れた。

次のチェックポイントまではアップダウンのある13キロ。雨風が激しくなった。小雨はありがたいが、上り坂では、上りに強いマルコとジュレンが1キロ6分前後とほとんどペースを落とすことなくグイグイ進んでいく。ふたりにはパワーがあるのか、体そのものの作りが違うのか。本当に同じ人間なのかと思えるほど、淡々と、でも力強く進んでいく。逆に僕は得意な平地と下り坂でスピードを上げて追いつく。

追い上げるたびに太ももの筋繊維がブチブチと切れている感覚がした。筋肉の伸縮性をもうほとんど感じない。今にも足が壊れてしまいそうだ。だが追いついていける！　まだまだ、まだいける！　それを何度も繰り返すが、とうとう高さ数十メートルのハードな上り坂でついていけなくなった。

「無理してでもついていくべきか。いきたい。でもまだレースは続く。ここは勝負どころじゃない」

自問自答の末、上りでは無理せず、平地でペースを維持することを優先した。できないことをするのではなく、できることを全力でし続ける。それが一番の道だと信じて。

40キロを過ぎ完全にエネルギーが切れる。だましだまし進み3位のフィニッシュ。マルコとジュレンが15分先行し、僕はひとつ順位を落としてしまった。

夢にまでみた7大陸走破と両親への感謝

いよいよ47キロの最終日を迎えた。朝4時に起床。いつも通りに食事を流し込んで、足のケアをする。少し頭が痛むようにもなっていたが、病は気から、気のせい気のせいと自分に言い聞かせる。左足の薬指は爪が剥がれそうになっていたが、なんとかゴールまではもちそうだ。天気は晴れ時々曇り。暑くならないことだけを願う。

この日もスタートから集団で進んだ。だが、昨日よりもさらに体が重い。少し遅めのペースのまま進むが、次第にまわりのペースが上がっていく。暑い。気持ち悪い。体が悲鳴をあげてついていけない。昨日までと同じく、上りは遅くなってもエネルギー補給のタイミングとして有効に使う。平地と下りで巻き返す。アップダウンが何度も続き、次第に心身が追い込まれる。それでも前に進むしかない。少しでも前に。もう足に力は残っていないが、とにかく止まらずに前に。最後はインド洋沿いの20キロ。延々と続く砂浜を走る。もう少しでゴールだ。もう少しで7大陸走破だ！

ここまでの道のりは長かった。大学まで没頭していた陸上競技から引退し、社会人になったが、夢中になれる場所が見つからなかった。社会にでたら楽しいことがたくさんある。自由になれる。そんなことを聞いてはいたが、心から燃える場所は一向に見つからない。学生時代の友人は、消防士、設計士、整備士、パティシエなど、自分の道を見つけて進んでいる。そんなみんなのキラキラした姿を見るたび、自分は何がしたいんだ？どうなりたいんだ？と問い詰められている気がした。社会人になった22歳からの8年間、自問自答を繰り返す毎日だった。

２０１４年、ようやく僕にも〝アドベンチャーランナー〟という人生をかけて挑みたいと思える道が見つかった。勤めていた会社を辞める時、周囲からはたくさん反対された。それでも、両親だけはこんな不安定で先が見えないことだらけの状況でも、「人に迷惑をかけないように」とだけ言って、背中を押してくれた。

これから人生をもっと充実させる！　しかし、そう思ったのも束の間で、さらに追い詰められたのだった。日々の生活や挑戦を続けていくために、いろんな仕事をした。人脈を増やそうとたくさん活動した。だが、僕の思いを語ってもわかってくれない。ホラ吹きの夢物語のように鼻で笑われた。つらかった。惨めだった。招待されて参加したある懇親会では、雑な紹介をされて少しも思いが伝わらなかった。それどころか、各テーブルを回らされては軽いネタにされ、最後には説教じみた話を聞かされるだけだった。もうこんな懇親会には二度と来ないと誓った。

一度しか面識のない人から社員研修の講演依頼があった。聞けば、研修後に懇親会を用意するから無料で来てほしい、とのこと。これまでどんなアルバイトでも時給１０００円はもらえたのに、僕の時間や、これまでの経験、価値はゼロとしか思われていないのだ。断った。認められない自分が悔しい。

　レースでも同じだった。未経験であることはもちろん、情報がほとんどない中で準備することに苦労した。たとえば50ほど必要なアイテムを選ぶのに、ひとつずつ仮説をたて、比較し、検証し、決定する。そのために何十時間、要することもある。そこまでしていざ選んでも、自分の疲労具合や自然環境によって装備の良し悪しに影響がでたこともある。レースの舞台も砂漠、荒野、山岳、氷雪と異なる。そこで起こる炎症、腹痛、頭痛、熱中症、凍傷、高山病、幻覚など想定外だらけのトラブルもある。そんな困難をなんとか乗り越えてレースを終えたと思っても、帰国すると、再び将来の見えない現実を突きつけられる。

　そんな日々が4年も続くと、自分で決めたこととはいえ、さすがに挫けそうになることも、泣きたくなる日もあった。そんな時はいつも、誰よりも応援してくれている両親のことを思い浮かべた。またがんばろうと思えた。

父は地元の機械部品工場で働いていた。母は専業主婦。僕は３人兄弟の末っ子。決して裕福とはいえない家庭で、外食をした思い出も少ない。母の作ってくれるハンバーグとケチャップで味付けしたパスタが好きだった。家族５人での手巻き寿司は、待ち遠しくて楽しい夕食のひとつだった。北田家には毎年プレゼントをくれるサンタクロースはいなかったが、それでも３人全員を大学卒業まで育ててくれた。父は厳しく、小さいころはたくさん怒られたが、そのおかげで道を外れることなく成長することができた。僕が20歳を過ぎたころ、父の勤めていた会社が倒産したり、母の目が悪くなったり、悪いことが続いた。一時は生活することも厳しい状況だったが、それでも変わらずに僕を応援し続けてくれた。

僕にできることは何か。その答えが、強くなることだった。また何か悪いことが起こっても、金銭面で苦しくなろうとも、強く生きられる人間になることだ。そして、両親にはできない経験と、見たことのない景色を伝えることだった。それを実現するためにも、僕は地球のはしからはしまで走りたい。そう願い続けて、ようやくあとわずかというところまでやってきた。

今、僕は砂と海しか見えない浜辺を走っている。疲労困憊《こんぱい》の中、この20キロは長かった。でも、最初に会社を辞めた２００８年からの９年間を思えば、あっという間だ。この過酷な状況でもそう思えるのだから、僕も少しは強くなったのだろう。アドベンチャーマラソン７大陸走破を目指して走ってきた日々は、とても大きな青春だったようにも思う。過去の思い出にばかり浸ってしまうのは、それだけ戦い抜いた証であり、僕の誇りだ。なんだか浸りすぎて、ゴールしたら僕の物語が終わってしまうようにも感じたが、終わりではない。ここからが新たなアドベンチャーのスタートになるのだ。

フィニッシュラインは、いつものように日の丸を掲げてゴールした。体力も思いも、人生のすべてを出し切った。最終結果は26時間８分45秒。３位だった。

優勝はマルコで23時間16分。酷暑の砂のコースでも初日からずっと淡々と走り続ける姿が印象的で、彼は疲れを感じないのかと思うほどだった。実際に僕とマルコでは苦しいと感じる基準が違ったと思う。どんな上り坂でも、どんな暑さでも、普段通りの呼吸をするかのように一定のリズムで走り続けている姿を見ると、これが世界のトップ、並大抵のランナーでないことはわかった。

2位はジュレン。25時間30分。彼の大きく分厚い太ももは人の何倍も鍛錬してきたことを物語っていた。38分45秒差、僕のコンディションが良ければ勝てたかも……とも思うが、彼も厳しい環境下で何かしらのトラブルはあっただろう。純粋に強い。そんなレベルの高いふたりに追いつくことができなかったのはやっぱり悔しい。だが、ライバルのラファエル、スティーブン、イタの3人には競り勝つことができ、確実に自分が成長できていることも実感した。

これまでずっと、一歩進めば失敗して、また一歩進めば失敗しての繰り返しだった。だが、そこには必ず成長があった。壁にぶつかりながらでも、すべてをかけて挑み続けてきた経験と成長こそが、7大陸を走り終えて一番に得たことだ。地球の広さや素晴らしさを実感する絶景に出会え、世界中のアスリートと戦友になり、これが自分の人生だと言える道を見つけることもできた。そんな道に思い切りチャレンジできている。この充実感は、ほかの道では絶対に味わうことはできなかった。心から良かったと思った。

戦いを終えた選手たちと、互いの健闘を讃《たた》え合い祝杯をあげた。国籍や年齢にかかわらず、己の限界に挑み合った一生続いていく戦友だ。いつかまた一緒に走る日があるだろう。その時は今回負けたふたりにも勝ちたい。

憧れの「情熱大陸」出演は乳首とともに

レースを終えると達成感と解放感でいっぱいになった。だが、翌日も足の痛みは治らず、むしろ悪化していた。特に足の付け根のリンパがゴルフボールほどの大きさに膨れ上がっていた。頭痛も増してズキズキする。それが帰国するまでの4日間続いた。レースの疲れがでてきたのだろう。

帰国後、自宅で3日間療養するも、一向に良くならず、右半身だけに出来物ができ、脈打つごとに頭が割れそうになるほどの頭痛もあった。眠ることができないほどに痛みが増したため、帰国して4日目の11月17日に総合病院へと向かった。

「アフリカから帰ってきてから調子が悪いんです……」

受付でそう伝えた途端、スタッフがざわつき、僕は多くの患者をすっ飛ばして特別室へ連れていかれた。細かく症状を伝え、診察してもらう。右半身だけに出来物があるのは珍しい現象だったようで、皮膚科のみならず外科や内科など、いろんな専門医が代わる代わる診察にくる。その後、点滴を受けながらも問診は続き、数時間後に感染症だと診断され、緊急入院となった。本当に珍しい病気だったらしく、毎日症状をみながらの治療が始まる。

黒いかさぶたで覆われた潰瘍、重度の頭痛、リンパ節の腫れなどの症状から「リケッチア」という病気と推測され、その病気への薬が効いて、数日で回復していった。診断によると、おそらく植物にいるダニから感染した疑いがあるという。足を露出してサバンナを走り、キャンプ地の草が生える湖で水浴びをしたりしたのが悪かったのだろうということだ。なるほど、このせいでレース中も足が重く、思うように走れなかったのか……。気持ちよく水浴びしていたことを悔やんだ。狂犬病など死亡率の高いものには注意していたものの、ここまで珍しい感染症はさすがに知らなかった。リケッチアのような虫刺されによって起こる病気を予防するには虫除け対策しかない。今後のレースでは基本的なことだが、できるだけ皮膚の露出を減らし、高濃度で持続性の高い虫除け剤をと使うことにする。この程度のことと思われるかもしれないが、厚生労働省のウェブサイトで紹介されている対策もこの程度なので、準備をしたらあとは開き直るしかない。それもまたアドベンチャーマラソンのひとつの要素なのだろう。

感染症で緊急入院という悲しい中で、嬉しいこともあった。レースから数週間が経った12月3日、僕を特集した「情熱大陸」が放映されたのだ。

実は前年の11月、南極大陸のレースに向かう直前に制作会社のプロデューサーから、取材の検討をしている旨の思いもよらぬメールをいただいたのがそのきっかけだ。これには驚いた。高校時代からずっと観ていて、同級生と「いつか情熱大陸に出たいな！」と冗談半分だが何度も何度も話していた大好きな番組だったのだ。僕の中で特に思い出深いのは、クライマー山野井泰史さんと山野井妙子さんの回。8000メートル近い雪山で雪崩《なだれ》に遭い、凍傷で指を数本失いながらも生還したふたり。それでも番組でのインタビューでは、「面白かった。自分たちの能力を最大に使ってやったなと思う」と笑顔で振り返っていた。世の中にこんな人がいるんだと衝撃を受けた。

もうひとりはさかなクンだ。芸人のようなインパクトで、テレビをはじめとするメディアで見かけたと思いきや、近年では水産資源に関する参考人として国会に出席されたり、大学の名誉博士になられていたり、老若男女に愛されながら国内外で活躍されている。さかなクンというネーミング、ハコフグの帽子を被った外見、「ギョギョギョ」のキャッチフレーズ、そして豊富な知識と経験——最高で最強の憧れの人物のひとりだ。そんな各業界を代表する人たちに並んで、これまでテレビに一度も出たことがない僕に声をかけていただいたのだ。

会ってお話をすると「７大陸走破への挑戦を取り上げたい。ただし、企画段階なので採用になるのかはわからない。これから提案をしていく」ということだった。決定してなくとも高揚した気持ちは隠せなかった。聞けばウェブニュースで僕のレース結果や７大陸走破を目指していることを知ったらしい。地道な宣伝活動に加え、応援してくださる方がＳＮＳなどで拡めてくださったおかげだ。アドベンチャーランナーを始めた当初は、人の目を気にするあまり、自信を持って人に伝えることができなかった。だが１年、２年と日々を重ね、僕の目標や進む道がゆるぎないものとなると、しっかり公言できるようになってきた。挑戦を伝える活動にも本腰を入れてできるようになった。自分がちゃんと言葉にして伝えることで、その思いが応援者に通じ、少しずつ波紋のように広がっていった。

「ウルトラ・アフリカ・レース」の２ヶ月前の９月から、合宿やイベントなどで密着取材が始まった。初取材は、兵庫県姫路市から島根県出雲市の出雲大社までの「出雲街道２６０キロ」を４日で走るロング走合宿。レースを想定した実験の意味もこめ、食料は明らかに足りないが1日2800キロカロリー。水分は水のみ、夜はテント泊。背負う荷物は本番と近い5キロにした。さらに、どれだけ坂があっても〝歩き禁止〟〝食料やジュースの補給禁止〟というルールを自分に課して臨んだ。

常にカメラが密着する、他人の目を感じ続けながらの初トレーニング。初日の70キロは無事に終えた。しかし翌日、まだ2日目の65キロにもかかわらず、雨風が激しい中での峠越えでエネルギーが不足し、また、足も痛み、走りたいのに走れない状態になった。憧れの番組の取材なのに「歩きたい」と思ってしまう弱い自分への、いらだちの感情が込み上げて、思わず走りながら涙をこぼした。7大陸最後のレース前に、まだこんな弱い自分が悔しくて仕方がなかった。2日目を走り終えた夜、インタビューを受けた。トレーニングで泣いてしまった自分が恥ずかしく、思わず、「泣いてましたっけ？」と、ごまかすような言葉をとっさにしゃべってしまった。自分の弱い姿が日本全国に知れ渡る。そう思うとうまく感情をコントロールできなかったのだ。弱さをごまかすほど、まだまだ未熟だった。それでもスタッフの方たちは常に僕をプロとして扱い続けてくれた。そのおかげでアスリートとしても人間としても、大きく成長するきっかけとなった。

放送後の反響はやはり大きかった。友人や知人はみな驚いてくれ、ＳＮＳでも多くの方がシェアしてくれた。昔から応援してもらっている方たちは自慢もしてくれた。懐かしい友人からもたくさんメールをもらった。友人の話だと、僕の地元の街では、まさかこの街から「情熱大陸」に出演する人が現れるなんて、と学生から主婦まで多くの人に知れ渡るほど話題に上がっていたらしい。食品メーカーやマネジメント会社からのコンタクトもあった。

番組では、会社の同僚に「世界で走っているランナーとは思っていない」とイジられたり、男らしさが微塵《みじん》もないほど日焼け止めをていねいに塗るシーンなど、これまで見せてこなかった普通の部分にスポットを当てて、そんな僕が世界に挑む姿を映してくれた。乳首に擦れ防止のテープを貼るシーンで始まり、レース後にそれを剝がすシーンで終わるという、関西人らしい笑いの要素も取り入れてもらった。憧れていた「孤高のアスリート」のようにはならなかったが、その番組構成のおかげで僕の殻は破れて、素の自分をどんどん出せるようになった。弱さを受け入れられたことが大きなきっかけとなり、また次のステージへ挑むことができる一歩となった。

大きな目標であった7大陸走破を終え、運命的にもこのチャレンジを「情熱大陸」で特集してもらえた。あの時、悶々《もんもん》として仕事を辞め、でも不安で不安で仕方なかった自分に言ってやりたい。「よく勇気をもって一歩を踏み出せたな。あの一歩で、こんなにも幸せな人生を味わうことができたよ」と。

しかし、僕の満足はここで終わっていなかった。

レースに参加するたびに海外選手から、世界にはまだまだとんでもないアドベンチャーマラソンがあることを教えてもらっていたからだ。経験の乏しかった僕には現実離れしていて実感が湧かなかったが、南極の「ザ・ラスト・デザート」を終えたあたりから、徐々に次を目指したい気持ちが芽生えてきた。苦難のある厳しいレースであっても、終わるたびに「もっとできるんじゃないか、もっとチャレンジしたい」と思える自分がいたからだ。だからより難易度の高い、より誰もやっていないことに挑みたい。

７大陸走破を目前に控えたころ、心の中は次の目標を見据えていた。それが「世界４大極地最高峰レース走破」だ。

アドベンチャーランナー北田雄夫の第２章が始まる。

RESULT

「ウルトラ・アフリカ・レース」

日時：2017年11月5日〜11月9日

場所：モザンビーク

距離：220キロ（全5ステージ）

順位：3位（参加選手全18名）

合計タイム：26時間8分45秒

RACE MOVIE ▶

「ウルトラ・アフリカ・レース」の
動画はこちらから!

KITADA

第6章

TAKAO

新時代のプロアスリートを目指して

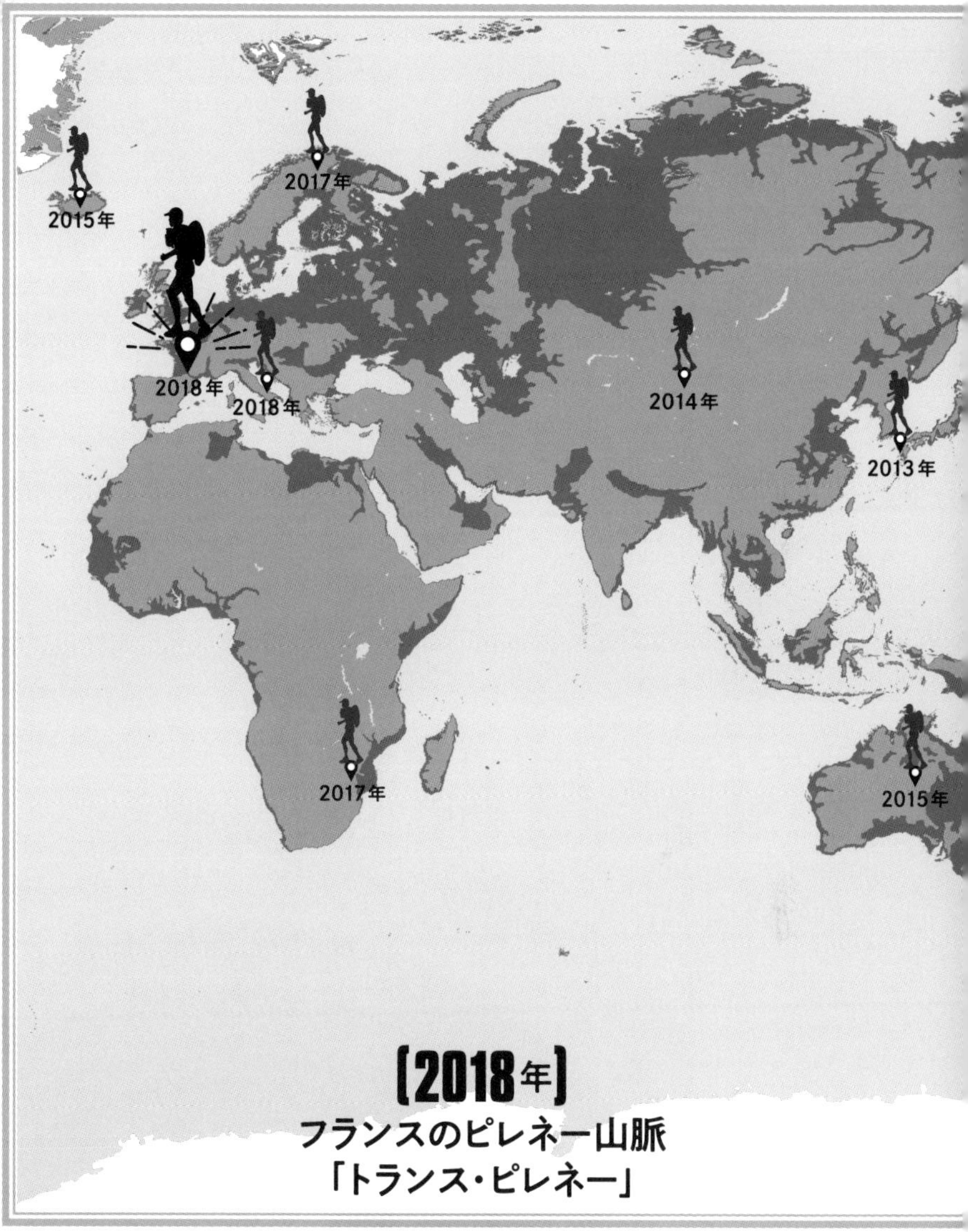

【2018年】
フランスのピレネー山脈
「トランス・ピレネー」

866km

目指すは世界4大極地レース走破

2014年からアドベンチャーランナーの道へと進み、多くの方に支えてもらいながら挑戦を続けてきた。

最初の1年はアルバイトを掛け持ちしながら実家で暮らして食いつないでいたが、2015年からの約3年間は、競技を優先させてもらえた貿易会社に勤めながらチャレンジしてきた。

アドベンチャーマラソンで7大陸を走破し、ひと区切りがついた2018年、まだまだ不安はあったが次の勝負に出ることにした。「プロ転向」だ。もともと会社に就職する時点で2年で辞めて独り立ちすると決め、会社からも合意をもらっていたが、安定して競技を継続できる環境を作ることができず、結局9ヶ月も延長してもらい、2018年5月までの2年10ヶ月、働かせてもらった。お世話になった和田浩志《ひろし》さんにお礼を伝えると、「精一杯がんばれよ！」と、シンプルかつ力強いエールをもらった。家族も「とにかく人の迷惑にならないよう、がんばり」と応援してくれた。

競技と競技に関わることだけで生きていく。生活はギリギリの状況だ。だが、僕は人生のすべてを挑戦に注ぎたい。それに日本でアドベンチャーマラソンを本業としているプロアスリートがいない今こそチャンス。誰もいないからこそ僕が最初になる。そう、南極でも感じた「ファースト・ペンギン」になるのだ。「未知への挑戦」を貫き続けることが僕の価値になり、いつしか大きな仕事ができ、影響力を持てるようにもなる。そんな可能性を感じる生き方にワクワクする。そう判断して、意を決して踏み出した。

７大陸走破を終えたとき、次の目標は決めていた。

「世界４大極地最高峰レース走破」だ。地球上で人間が走ることのできる４つの極地——暑い砂漠、極寒の氷雪地、衛生環境の悪いジャングル、標高の高い山岳——それらを舞台にしたレースの中でも、最高峰と思われるレースを走破するのだ。

最高峰レースの選定基準は、僕が知りうる限りで、「自然環境」「走行距離」「サポート環境」３つの点での厳しさを総合して決めた。日本人はもちろん誰もやっていない。過去のレースで一緒になった世界の猛者《もさ》たちでも、まだ誰も成し遂げていなかった。

これまで７大陸のレースを走破したとはいえ、自然環境がさらに厳しいレースはあり、距離がまだまだ長いレースもある。さらに多くのレースは夜にしっかりと休息をとれるステージレースだったが、昼夜問わずぶっ通しで競うノンストップレースもある。これらのレースに挑むためには単なる走力だけでは無理だ。想像力、計画や準備力、環境適応能力、判断力、精神力など、多くの力がこれまで以上に深く求められる。そして、目標とする４大極地レースを決めた。ここで紹介したい。

①２０１９年６月。ジャングルの最高峰レース「Jungle Ultra（ジャングル・ウルトラ）」。未確認生物が存在する南米アマゾンのジャングルを舞台にした、２３０キロ５日間のステージレース。

②２０１９年11月。砂漠の最高峰レース「La 1000（ラ・ワンサウザンド）」。気温45℃のサハラ砂漠での、１０００キロ18日間のノンストップレース。

③２０２０年５月。山岳の最高峰レース「Himal Race（ヒマル・レース）」。標高５０００メートルを超えるヒマラヤ山脈が舞台の、８５０キロ24日間のステージレース。

④２０２２年３月。寒冷地の最高峰レース「Iditarod Trail Invitational（アイディタロッド・トレイル・インビテーショナル）」。気温マイナス40℃のアラスカを舞台にした、１６００

キロ30日間のノンストップレース。

どうだろう。文字にするだけでもその過酷さにビビる、いや想像を超える、未知なるワクワク感のある４つのアドベンチャーマラソンだと理解いただけるのではないだろうか。

アドベンチャーランナー北田雄夫の挑戦、第２章としては最高の舞台になる。

ピレネー山脈横断のレースがまさかの中止!?

新たなる目標に向けて、次のターゲットに選んだのが２０１８年8月開催の「Trans Pyrenea（トランス・ピレネー）」。フランスとスペインにまたがるピレネー山脈横断８６６キロ、３０００メートル級の山々をいくつも越えながら進むノンストップレースだ。

実は僕は高地に弱い。２００７年に富士登山に初挑戦したときは、高山病になり8合目でリタイアしたほどだ。２０００メートルを超える登山経験も数えるほどしかない、山岳初心者だ。しかも、「ザ・トラック」の５２１キロを超える自己最長距離への挑戦になる。２０２０年5月の山岳最高峰レース「ヒマル・レース」の対策として選んだ。

ピレネー山脈のトレッキングコース、ＧＲ10をたどりながら横断する。８６６キロは、ほぼ東京〜山口間と同じ距離だ。レース中のすべての上りの高さを合計して表す累積標高差は６万５０００メートル。富士山を17回登る計算になる。制限時間４００時間（16日16時間）以内でのゴールを目指すレースは、23ヶ所あるチェックポイント（山小屋、キャンプ場、体育館、城砦《じょうさい》など。水の提供のみで食事はないポイントもある）をたどり、3ヶ所あるライフベース（大規模キャンプ地。食事や飲み物や寝床の提供があり、自分の荷物もあらかじめ置くことができる）を使いながら進む。睡眠時間を限界まで削りながら進むのだが、毎晩眠りたい時にうまく水分補給のできるチェックポイントに着くことはまずない。そのため、レース中は寝袋とポンチョなど防水ウェアを使って道で眠ることもあるだろう。2回目の開催となり、参加者は２００名ほど。２０１６年の第１回大会での完走者はわずか3割ほど、つまり7割の選手がリタイアとなった厳しいレースだ。

22ページもの大会要項を読み準備にとりかかる。相変わらず英語のできない僕はいつも通り翻訳にとりかかるが、今回は英語ではなくすべてフランス語だ。わかるはずがない。

日本人の参加者が9名いたので、情報交換をしながら進めた。

まず、未知のピレネー山脈を想像しながら、とりあえず数字上のレーススケジュールを組み立てていった。各チェックポイント間の距離と標準行程時間をガイドブックで調べると、3キロ1時間の区間もあれば、23キロ9時間の区間もあった。9時間は厳しい。自分の体力が落ちていたら、または悪天候ならさらに時間を要するからだ。水分補給ができない場合も想定すると、水分もたくさん背負わないといけない。結果、登山マップに記載している標準コースタイムの90パーセントで進み続ければ、1日の行動時間は17時間、休憩3時間、睡眠4時間。朝3時起床、3時半出発で22時まで行動し23時就寝。それをトラブルなく、17日間続けられればゴールできる計算となった。ゆっくりと身体のケアや休憩をする時間はほとんどないし、コースロスト、体調不良などを加味すると厳しい制限時間であることは間違いない。過去のレースと比べても何倍も難易度が高い。もちろん本番では風雨や嵐など気象条件も変わるだろう。また、上り下り、そして未舗装の山ということもあるので、この時間はあくまで数字上の目安に過ぎない。

次に装備。気温は0～35℃になるため、夏から冬にかけての装備が必要となる。標高3000メートル級の山脈を越えていくので雨や雪や風に何度も遭遇するはずだ。それらに対応できる耐久性、軽量性、使い勝手のよさなどを精査してひとつひとつ選んでいった。

トレーニング計画も抜かりない。２０１７年12月から普段のトレーニングに近場の山を走る日を毎週取り入れ、長距離の大会にも出場した。３月に六甲山全山縦走路を往復する１００キロ。４月にロード１００キロ。５月に関西をぐるっとまわる３２０キロの「関西夢街道スーパーＲＵＮ」などレースにも毎月参加しては経験を積んでいった。６月には「トランス・ピレネー」前哨戦《ぜんしょうせん》としてイタリア山岳の「Alvi Trail Liguria（アルヴィ・トレイル・リグーリア）」という４００キロ、累積標高差１万７０００メートルのレースに参加し、装備や補給食の実践テストも行った。７月には槍ヶ岳や北穂高岳など北アルプスでの高地トレーニングも予定していた。


しかし6月30日、レース約１ヶ月前に事件は起こった。

大会主催者が運営するフェイスブックグループにフランス語で「裁判が起こって大会が開催できない」と投稿されたのだ。その後、参加者の書き込みでコメント欄が荒れて、グループは炎上している。コメントを翻訳機能を通じて読むが想定外の出来事でもあり、よく理解ができない。何が起こった？　裁判とは何だ？　中止なのか？　何かの間違い？

フェイスブックグループを見ることができない参加者もいるし、公式サイトにも何も発表はない。公式ならちゃんと通達がくるはずだ。そう思って数日経ったが、どうやら中止は間違いないようだった。理由は、前回参加者がレース中の食料や寝床が十分でなかったとのことで、大会主催者を訴えたようだった。おそらく死を感じるようなギリギリの状況になったのだと思う。それに対して大会側は、当該選手は規定の食料などの準備をしていなかったと反論しているが、事実はわからない。だが、半年をかけて準備してきた練習、装備、計画、人生最大の挑戦に向けて注いできたものが、あっけなく終わった……。参加費（約13万円）はすでに支払済みで返金になるかは未定。航空券（約21万円）はキャンセルできない。

しばらく何も手がつけられなくなった。

気持ちを整理できず、前向きになれない。「次がある」とはよく耳にするが、いざ自分が直面するとそう簡単ではない。思わぬ病気や災害など、自分ではどうしようもないことで目標を失うことがこんなにもつらいとは思わなかった。同じような喪失感を味わった人も多いかもしれない。

そんな時に参加者のひとりがある提案を投稿した。「大会はなくなったが、自主レースをしよう」というものだった。スタートだけ参加希望者全員でして、以後は自分だけの力で挑戦をしようというものだ。そもそも完走率３割の厳しいレースだ。それを自主的に行うのはさらに難易度が高くなる。給水や補給食のサポートはなく、ライフベースのようにあらかじめ荷物を置くこともできない。万が一の救助態勢もない。訴訟問題にさえなった前回以上の危険があるともいえる。また、すでに航空券を手配し、スケジュール調整をしていたので、僕に使える日数は元々のレース制限の17日、プラス２日に限られていた。

熟慮の末、僕は参加することにした。当然、まわりからは「何かあったらどうする？」「危険すぎる。やめるべき！」との声も多かった。だが、どの選択が最も自分を成長させるのか。答えは最初から決まっていたのだ。

自主レースでピレネー山脈横断に挑む！

決意後の準備は多岐にわたった。８００キロ以上のコースの把握、水や食料の入手計画、嵐やけがを想定しそれに対応できる装備、それらすべてを出発までの数週間でどうにか行った。最終的には自己判断の結果、40名ほど、うち日本からは僕を含め５名が参加することになった。森末茂男さん、鈴木貴浩《たかひろ》さん、野間陽子さん、中島英摩《えま》さん。みな山岳レースや登山経験が豊富なランナーたちだ。そう、僕だけが富士山にすらきちんと登れていない、山岳初心者だった。

7月30日、ピレネー山脈の最東端の街、フランスのバニュルス＝シュル＝メールに参加者たちは集まった。地中海に面したリゾート地だ。僕たち5名と、道中サポートでいらした森末さんの奥様を含めた6人で地中海をタッチして、互いの健闘と無事を願った。スタート時間の朝7時、自主レース参加メンバー全員と集合写真を撮り、スタートを切った。ここからおよそ８５０キロ先の大西洋まで自分の足だけで進む大冒険が始まる。

僕は容量25リットルのリュックと、3・5リットルのウエストバッグを身につけた。食料は山小屋などで買い足しながら進む計画を立て2〜3日分、他に、テント、寝袋、ハンディＧＰＳマップ、レインウェア、防寒具、ナイフ、薬、フランスのＳＩＭカードをつけた携帯電話、ヘッドライトと予備ライト、嵐対策のポンチョ、泥水からの補水に備えた簡易浄水器、充電できない場合用のＧＰＳ・ライト・携帯電話のバッテリー2キロも入れた。下着類は2組を洗い乾かしながら進み、シューズは1足にした。そこに水分2リットルを積み、合計重量は13キロになっていた。当初の公式レースよりもバッテリーやテントなどを含め合計2～3キロほど増えたのだった。

安全第一。これが今回の最重要テーマだ。

公式レースではなくなったので結果が残るわけではない。決して無理はせず、とにかく無事に日本に帰ること。過去のレースでは走りたい気持ちがどうしても抑えきれず、足裏がずる剝けになってもレースを続行し全治2ヶ月のけがを負うこともあったからだ。

予定では毎日平均50キロを進み、合計18～19日間での横断を目指す。僕は、ほぼ同じ日数での横断を目指していた森末さん、鈴木さんのふたりと一緒に進み始めた。一緒に行動できれば危険も減らせ、精神的にも安定するのですごくありがたい。ただしトラブルが起きたからといって、ふたりに迷惑をかけることはできない。みな自己責任という覚悟でチャレンジしているからだ。だから、それぞれがあえて「一緒に行きましょう」という約束のような言葉を交わすことなく、スタートを切った。

森末さんは小柄で少し物静かな雰囲気だが、内に秘めたる思いは強い。3人の中で一番緻密に計画をしていて、どのＳＩＭカードの通信環境が良いとか、どのガイドブックが参考になるとか出発前にもいろいろ教えていただいた。レース経験も豊富で、「日本横断『川の道』フットレース」５２０キロを完走していたりする。５歳上の頼れるアニキだ。
鈴木さんは全身が分厚くたくましい。しかし気はすごくやさしいザ・山男。２年前の第1回大会に参加したが、コースミスやチェックポイントをスルーして戻ったりする不運が続き、約90キロもミスしたため、あえなく３２３キロ地点で制限時間オーバーのリタイアだった。今回はリベンジとなったが、またもや大会中止という不運に見舞われ、自主レースでのゴールを目指す。鈴木さんのような経験豊富な方でも、それだけ判断ミスを起こしやすいコースだということだ。

真っ青な空。雲もなく真夏の太陽がギラギラ照りつける。６時半の日の出から、汗がしたたり落ちるほど、一気に気温は上がる。序盤は放牧牛がいたり、山と海の風景を楽しむことができたが、想像以上にきつい坂道が続いた。水場のない道を24キロ、上った高さの総計である獲得標高は２４００メートル。正午過ぎに初めての山小屋に到着。木造の30人ほど入れる小屋には、絵画や木のオブジェなどが飾られており、バーカウンターや冷蔵庫もあった。僕たちは読めないフランス語メニューを見ながら、片言で７・５ユーロのサンドウィッチ、３ユーロのファンタを頼んだ。サンドウィッチはハムとチーズを挟んだシンプルなものだったが、空腹だったこともありペロリとおいしくたいらげた。やはり本場のフランスパンで包まれたサンドウィッチはおいしい。さらにコーラとアプリコットジュースで水分補給して先を急いだ。自主レースなので、途中で食事や食料補給は自由にしながら進む。

その後、あらかじめルートを取り入れていたＧＰＳマップで位置を確認しながら進むも、徐々に森が深くなり迷子になる。森は人が通った形跡があるようにも、獣道のようにも見える。結局、３人で探し回っても先に続く道は見つからなかった。少し前で道を間違えていたようだ。トレッキングコースなのに、看板など目印になるものがほとんどないこのＧＲ10は、道をたどるのが本当に大変だった。

17時を過ぎた。気温は一向に下がらず、暑い。長時間日差しを浴び続けたからなのか、体が熱くフラフラする。軽い熱中症になっているようだった。20時、51キロ地点のラ・イラという村に到着。設定タイムの9割ほどでゴールと、まずは計画通り進むことができた。獲得標高４０００メートル。この時期の同地の日の入りはかなり遅く、21時でもあたりはまだ明るかった。キャンプのできる村だったこともあって、無料開放されていたホットシャワーを浴び、簡単な食事を済ませる。真っ暗な広場にテントを張って22時

45分就寝。肩と腰に疲労を感じながらも、無事に初日を終えた。

明朝は3時15分起床。睡眠4時間半だったが涼しかったため、ゆっくり休むことができた。持参していた食料をとり、夜明け前に3人で出発をした。早朝はとても過ごしやすい気温で順調に進んで行く。真っ暗闇で何度も迷いそうになるが、森末さんと鈴木さんは山岳レース経験者ということもあり、小さな看板やマーキングを見つけたり、GPSの使い方に慣れていたりと、コースのチェックが上手でとても心強い。また山の大雨でも見やすいライトや太陽光充電で使える軽量ランタンなどの便利なアイテムも学んだ。

夜が明けると、後方からオレンジ色の太陽が昇ってきた。昨日も同じような太陽を見たはずだが、山で見ると格段に綺《き》麗《れい》だと感じた。だが日が昇るとすぐに35℃を超えて暑くなり、へばってくる。

昼にようやく大きめの町に着くが、運悪くスーパーなどの店は昼休みでクローズ。フランスでは昼休みがあるとは聞いていたものの、山間地の町ではどうなのかわかっておらず、このスーパーは昼の閉店時間が2時間もあるのだった。午後のオープンまで待つにはタイムロスが大きいので、食料や飲料の買い足しは断念せざるを得ない。食料補給を想定していただけに精神的なダメージは大きく、この挑戦の難しさを痛感した。ガイドブックに書いてある「ショップ」という印だけを信じて計画して進むので、４時間や８時間も無補給で行くこともあり、計画していた場所で補給できなくなるとかなり痛いのである。その後はなんとか水と食料を繋《つな》ぎながら、19時に山小屋に到着。次の山小屋まで進もうかと悩んだが、雨が降ってきたので早めに休んで翌早朝から活動することにした。チキンライスとホットチョコレート、オレンジジュース２本を補給。さらにカフェオレ２杯を飲む。もういくらでも飲めそうなほどおいしかった。ベッドも空いており、暖かい場所で休むことができた。

３日目に入るとＧＲ10の山小屋にある設備、取扱い食料などがだいたいわかってきた。満足な食事をとれないこともあるが、生活文化や現地の特徴を理解していくことで少しずつ体と心を順応させていく。

徐々に深い山岳地帯に入っていくために岩場が増え、足裏にジンジンと痛みがでてくる。これまでの経験から１５０〜２００キロを超えて走り続けると、足裏が痛むことがしばしばあった。理由は僕の足裏にある。学生時代、短距離走で足裏の〝面〟で接地して走る癖がついてしまい、特に衝撃吸収の役目のある母指球付近にかかる横アーチが潰れて、足裏が本来のドーム型にならずべったりしているため、接地するたびに衝撃を受け、痛みを伴ってくるのであった。これを改善しようと日々足裏マッサージや補強トレーニングをするのだが、なかなか改善せず、今なお試行錯誤しながら付き合っている。今回に備えてシューズを1センチ大きくしてインソールも厚くクッション性のあるものに変えた。さらにかかとにはソルボセインという耐久性と衝撃吸収性のある素材のインソールも増やしていた。だが、それでもダメージを受けた。休憩をとるたびに、シューズを脱いでは足裏をほぐす。

4日目を過ぎると、足の疲労と炎症で眠れなくなった。睡眠を4時間ほどしかとれないため、できる限り効率よく使いたいのに、痛みでそれも難しい。また山小屋は満室で泊まることができず、山中や麓にある古く小さな石造りの教会で泊まることもあった。教会は一度だけだったが、近所の方に聞くとひと晩使っても良いということだったので甘えさせてもらったのだ。山小屋なら暖かい部屋にベッドと布団がついているが、山中泊だと持参しているひとり用テントと厚さ2センチのマットレス。教会は雨風はしのげるが、硬いコンクリートの上か細長いベンチで休むこととなる。これではやはり体力の回復もままならず、朝起きるのがとにかくつらかった。森末さんと鈴木さんも疲労が溜《た》まってきており、３人とも眠気に耐えながら暗い道をフラフラして、夜明けまで進む。標高２０００メートルを超える地域に入ってくると人気は少なくなり、１～２日に１回あるかないかの頻度で遭遇するスーパーで、フィナンシェ、ポテトチップスなどのスナック、ソーセージ、飲むヨーグルトを大量に買って食べつないだ。これらが僕のピレネー山脈の定番食となり、２週間以上ずっとフィナンシェとソーセージを食べ続けていた。

　エメラルド色の湖、山頂に白い雪が残る山々、天まで続きそうな山間の道、麓にある温泉（時間があれば本当に入りたかった！）など、見ているだけで心癒されるような素晴らしい景色に出会った。つらいが、これほど美しい景色だとがんばって登れる。３人で感動を語り合い、写真を撮ったり、非日常のアドベンチャーを満喫しながら進んでいった。ひとりで競うレースでは決してなかった喜びを味わうことができた。

力と技術と知恵を出し切って限界を乗り越える喜び

７日目で３００キロを過ぎ、８日目を迎えた。

「今日も夜中まで進み続けるのか……」

毎日、睡魔が襲ってくるため、朝は気が滅入ってきた。〝ＧＲ〟というコースの目印をたどりながら先を目指して進んでいたはずが、徐々に道の痕跡がなくなっていった。なくなっただけでなく泥沼になっていく。ハンディＧＰＳで地図を確認すると、まっすぐ行けば道に繋がるはずなのだが、目の前は泥沼。道らしい道はない。迷った挙句、もう少し進んでみることにした。すると牧場にでた。完全にここはコースではない。だが、引き返すのは時間と距離のロスになるので、どこか近くに通っている道への合流を目指し、自転車ではとても降りられないような急坂を無理やりに下る。すると周囲一面に牧場を囲むための高さ１・５メートルほどの鉄線が張りめぐらされていた。頑丈に作られており、とても登れるようなものではない。まずい。でもここまできた何キロにもおよぶ道を引き返したくもない。結局、何百メートルも続く牧場を歩きながら出口を探し回り、ようやく発見。だが鍵がかかっており、最後は塀を乗り越えて抜け出した。ドッと疲れた。

スタートからずっと晴天が続いていたのは良かったのだが、標高が高くなることも相まって、９日目からは天候が荒れてきた。空一面に広がる分厚く黒い雲が、雨やあられを降らす。レインウェアやポンチョを身につけ2500メートルを超える山々を慎重に進む。岩や草は濡《ぬ》れ、土は泥と化し、何度も何度も足を滑らせて転ぶ。晴天時より倍の時間がかかってしまう。思うように進めず、日が落ちてしまった暗闇の中、一歩一歩進むことで神経は猛烈にすり減っていく。朝3時から24時まで21時間動き続けた末、なんとか1日が終わった。たどり着いたのは小さな村の道端にあったテント下だった。水も食料も補給できない場所だったが、濡れて疲れ切った体を休めることにした。今日も無事に乗り切ったことは良かったが、この苦しさを乗り越えていかないとゴールはない。大西洋にはたどり着けないのだ。

　翌朝も4時間睡眠で出発する。しかし眠気のせいで意識が朦朧《もうろう》として、蛇行してしまう。夜が明けるまでの数時間、倒れないようなんとか耐え続けないといけない。少しでも目が醒めるよう、顔を叩《たた》いたり、つねったり、食べ物を口にしたり、考えうることを試行錯誤し続け、日の出を迎えるまでの長く苦しい闇を越える。以前、誰かから聞いた「大きな喜びは大きな苦しさがあるからこそ感じられる」という言葉の通りだと思った。1日の仕事が終わった後のビールも、汗だくになって走った後のシャワーも一緒だ。どんなことでも、がんばったあとは本当に気持ちいい。そして、アドベンチャーマラソンの醍醐味《だいごみ》のひとつは、大きな苦しみ以上に、くたくたにくたばれることだ。くたばった自分でも、残る力と技術と知恵を出し切って限界を乗り越えていく、そのことが面白いのだ。

森末さん、鈴木さんも、僕と同じく睡魔と戦っていた。そのため会話がほとんどない。森末さんは膝を痛めてしまい、サポーターで固定しながら騙《だま》し騙し進んでいた。鈴木さんも足の不調を訴えていた。そして僕も足裏がひどく痛み、上りでふたりに遅れをとることもあった。3人が代わる代わるチームを引っ張り合いながら越えていった。携帯電話の電波が入るタイミングで連絡を取り合っていた森末さんの奥様が車で山間部の村などに先回りをしてくれ、そこで食料や水分を分け与えてもらった。さらに泊まる宿も率先して確保してもらい、いつも笑顔で迎えてもらった。きめ細かなサポートが本当にありがたかった。

道中は動物にもたくさん出会った。牛から始まり、馬、ロバ、ヤギ、羊など、たくさんいた。ロバは「私がロバです」と言わんばかりの、イメージ通りのロバだった。ヤギは立派な黒い毛並をして、パーマでもあてたかのように前髪が綺麗に整っている。闘牛のような筋骨隆々の牛が高い山の上にいることもあった。あの牛たちはどうやって山に上がったんだろうと今でも不思議だ。

いろんな人にも出会った。ある山を数時間かけて登りきるところで、突如山の上から駆け下りてくるマウンテンバイクが2台。上半身裸でヘルメットをかぶり、小さなリュックを背負っている。わずか数十センチしかない細い道を僕たちが譲ると、すれ違いざまに陽気な声をかけて颯爽《さっそう》とおりていった。ある宿では、主人の女性が日本からの来客を大変喜んで、山のことなどいろいろと教えてくれ、宿前のおすすめスポットで写真を撮ることになった。僕たち3人だけではなく、最後は自分も入れてほしいとのリクエストで一緒に撮った。

絶景も待っていた。山上から見るあたり一面の雲海。空の果てから昇る眩《まぶ》しい朝日。点在する村は石造りで、まるでスタジオジブリの映画にでてきそうな雰囲気。そんな知らない町を、見たこともない景色を味わえるだけでも幸せだった。

そうして仲間がいる心強さと様々な感動を覚えながら、毎日を乗り越えていった。

15日目。急峻《きゅうしゅん》で尖《とが》った岩場を越えていく、ピレネー山脈横断で一番険しいパートがやってきた。

総走行距離は６００キロを越えた。太ももに力が入らないが、まだペースが遅いぶん耐えられる。問題は足裏だ。はだしで針の上を歩いているかのように痛む。過去最悪の状況だ。リュックの重みがずっしりと響き、足指にはいくつものマメができていた。朝４時に出発してほとんど休むことなく進むも、日が沈む21時ごろまでにこの日の目標地点に到達することができず、８～９キロほどを残した。ここで少し休みをとるために、ガイドブックに書いてある宿泊できるはずの避難小屋に向かうことにした。石造りの小屋には真っ黒な豚がいて、動物臭なのか異様な匂いがする。恐る恐る中に入ると、生活感があり服や農作工具などが散らばっている。「エクスキュゼモア（すみません）」と声をだしても返事はない。仕方なくそこを諦め、進むことにした。夜が更け、ここから山を越える。雨が降りしきる中、コースに設置されている鎖を使いながら、絶壁を昇り下り。足を滑らせてしまえば、すぐさま山底へ落ちるだろう。周囲の景色が見えないため、どこを進んでいるのかわからない。ライトでコースマークを探すが、降りしきる雨のために見つけることができない。何度も道を間違えながらも、探り探り進んでいった。そうして日付が変わった深夜1時、目標地点へと着いたのだった。もう何もする力がないほどに疲れ切っていた。

たどり着いた大西洋と全治1年半の大けが

「とにかく体力がもってほしい」

最後はそれだけを願いながら進んだ。18日目。足裏だけでなく、かかと、ふくらはぎ、太ももと両足のいたる部分に痛みが出ていたが、いよいよゴールを迎えられそうなところまでやってきた。苦しさも楽しさもこれで最後。思い残すことのないよう進もう。残る力を振り絞って進む。残り10キロ。日はほとんど沈んでしまったが、ついにゴール地点となる大西洋が見えた。

「海だ！　地中海から大西洋まできたぞ！　やり遂げたぞ！」

ゴール地点となるフランス南西部の街アンダイエの海辺を目にすると、喜びが込み上げてくる。横断中に数々の絶景に出会ってきたが、今ここから見える景色が一番だった。なんの変哲もない景色だったが、苦労の末にやり遂げたという思いも重なって、一生忘れることのない格別なものとなった。過去最長となる期間を走ったこともある。だが一番の理由は、ゴールが人工的なものじゃなく、2週間以上も山の中で想像して想像して、待ち遠しかった自然の〝海〟だったからだ。

大西洋へとたどり着いた。時刻は24時。当然あたりには人ひとりいない。だが僕たちは興奮していた。３人で海に触れ、互いに抱き合い、目標達成を喜び合った。ふたりがいたからこそやり遂げることができたのだ。

ゴール後、森末さんは予約していた宿へ、鈴木さんと僕はビーチで野宿することにした。寝袋を広げて目を閉じた。刹那、眠りについた。本当に疲れていたのだろう。だが、少し経って寒さを感じ始める。夜は冷えるのか、風が強いのか。そんなことをウトウトと思いながら再び眠りにつく。より一層寒さが増してきた。仕方なく疲れ切った体を起こして目を開けると、横殴りの雨だ。突如降り出した雨に寝袋もびしょ濡れになっていた。

疲れ切った僕たちはゴールに安心して、テントを使わずに寝袋だけで寝ていたのだった。あたりはまだ暗闇で夜明けまで時間がある。このままでは寒さに耐えられないので、痛む体を引きずりながら雨をしのぎ、休むことができる場所を探し回る。街中を1時間ほど歩き回り、ようやくコインランドリーを見つけた。深夜でも営業しており、人もいない。そこで夜明けまで雨宿りして、ようやく僕たちは体を休めることができた。だが朝方に警備員らしき人がやってきて、「おまえたちは何してるんだ！」と問いただされる。小汚いふたりがコインランドリーで荷物を広げて座り込んでいたのがよほど怪しかったんだろう。さすがに雨宿りで寝ていたとは言えないので、「ピレネー山脈を横断してきて衣類を洗濯しているんだ」とカタコトで伝えると、思いのほかあっさり理解してくれ、ゆっくりしていってくれという雰囲気で迎えられた。

アンダイエでふた晩を過ごした後、飛行機でパリを経由し無事に帰国した。だが、僕の足裏の症状はひどく、重度の足底筋膜炎《そくていきんまくえん》だった。歩くのも走るのも激痛を伴い、全治まで１年半を要する大けがだった。そのため日常生活や練習はもちろん、２０１９年末までに予定していた、アラスカ２４０キロ「アイディタロッド・トレイル・インビテーショナル」やジャングル２３０キロ「ジャングル・ウルトラ」、サハラ砂漠１０００キロ「ラ・ワンサウザンド」などは、この痛む足のままレース前に病院で痛み止めを打って臨まざるを得なくなった。ピレネー山脈横断中は強い痛みはあったものの、「ここで諦めたくない」という思いが勝った結果だ。挑戦する心は良いことだし、それくらいの覚悟がないとこれからのレースは戦えない。だが、１回の挑戦で後遺症を残していては挑戦し続けることができない。安全に終えるために遭難や滑落など事故には細心の注意を払ったものの、自分の体の損傷は我慢してしまうことが僕には往々にしてある。人間の身体はどこまでいけば壊れるのか、どこまでなら軽度の負傷で抑えられるのか、その基準と危機管理意識を見つめ直すきっかけになった。極地レースに向けたチャレンジの大きな代償だった。

「前例のないプロアスリート」を目標にプロ転向

僕はプロになった。

何度も言い続けているが、僕は人生のすべてをこの挑戦に注ぎたい。世界初のチャレンジを成し遂げ、世界からも認められる人間になりたい。そして僕の挑戦する姿を通じて、多くの人に誰も見たことのない景色を届けたい。それがプロになる最大の理由だった。

ただし、一か八かの転向ではない。プロとしてやっていける実現性を高めるために、あらかじめ戦略を立てて挑戦したつもりだ。とにかく「他のプロアスリートにはない、独自の価値を持つプロアスリートになるにはどうすればよいのか」を四六時中考え続け、大切にすべき軸を定めた。それが〝目標、時間、ＰＲ、ブランド〟の4つの軸だった。
まず目標設定。アドベンチャーマラソンは各大会で順位を競うものの、スポーツの中では珍しく世界ランキングもない競技なので、他のアスリートと違って「オリンピックや世界選手権で金メダル」や「リーグ戦で優勝」などといった誰もが目指す共通の目標がない。そのため、自分自身で評価基準を考え、目標を作り、遂行する必要がある。ここがすごく難しい。ある種、冒険家に近い部分があると思うのだが、達成難易度が低いと自分自身のモチベーションが上がらず挑戦する気にならないし、なによりプロとして、人に興味を感じてもらえない。これは大好きなマンガにも共通点を感じているのだが、「ほかにはない物語なのか。どんな展開で魅了していくのか」、僕の目標設定は、常にその視座で作ることにした。そうしてたどり着いたメインテーマが「未知への挑戦」ということだった。

次は時間管理。他のアスリートのような「順位への挑戦」ではなく「未知への挑戦」という異なる目標基準で生きていくので、使うべき時間が変わってくる。もちろん走ることがベースにはなるのだが、それだけではマイナス40℃の極寒地では戦えないし、木々が隙間なく生い茂るジャングルでも戦えない。そのため、たとえば月に６００キロを走ること以外に、自然に対する準備やトレーニングが必要となる。砂漠、山岳、ジャングル、極寒の氷雪地と自然環境が全く異なる４つの極地を狙っているので、ひとつの自然環境に特化するだけでもだめだ。時には北極圏に挑む冒険家に極寒地を生き抜く知恵を学び、時にはエベレストに登る登山家から山の厳しさを教えてもらう必要もある。さらに日本人初挑戦の大会や第１回開催を探すためにも相当な時間を費やす必要がある。

そしてＰＲ。競技自体が超マイナースポーツなので、たとえレースで優勝するなど活躍してもメディアに取り上げられ広く知られる機会は極めて少ない。アドベンチャーマラソンの日本の年間参加者（競技人口）はのべ数百名くらいだと思う。日本国内では２００２年から始まった富山の日本海から日本アルプスを繋いで静岡の太平洋まで４１５キロを縦断する「トランスジャパンアルプスレース」が最も有名で、２０１３年から石川県白山市の山岳地で開催される６ステージ２５０キロの「白山ジオトレイル」というレースも始まった。２０１４年ごろからＮＨＫ-ＢＳの「グレートレース」で海外の一部のレースが放映されてきたおかげで徐々に知られてきているが、まだまだ日本でも、いや世界でも一部の人間にしか知られていないのが現状だ。もちろん競技団体やチームもないため広報マンなどもいない。自らが発信をしないとその価値を届けられないのだ。

特に僕が行く海外のレースなどは一切知れ渡ることはない。そこでレース中、自らで動画撮影しながら競技をして発信することにした。実際、２０１８年６月の「アルヴィ・トレイル・リグーリア」より、現地からのフェイスブック投稿を始めた。それまではレース後の報告のみだったのを、レース中にも何度か経過を見て楽しんでもらえるよう試みたのだが、チャレンジが共有できると反応もすごく良かった。競技的には撮影機材の重さや撮影時間などがマイナスになるが、僕の挑戦を伝えるためには必要不可欠だし、応援者と見ている景色をリアルタイムでわかち合えることが走る原動力にもなっていた。撮影機材も年々グレードアップしていき、今ではアクションカム、スマートフォン、３６０度カメラなどいくつも駆使している。これから５Ｇ、６Ｇなど通信インフラが発達していくことを考えると、地球の極地を走りながらも、個人でリアルタイムで映像を発信することができ、世界中の誰もが見たことのない景色と冒険を共有し楽しめるようになるだろう。応援者はもちろんだが、病気やけがで走りたくても走れない人、日々忙しくなかなか休みがとれない人、仕事や趣味でも何かに一歩を踏み出してチャレンジしようと思っている人、そんな人たちと喜び合えたら最高だ。

最後にブランドを作ること。これが一番難しく一番大切だと思っている。「未知へと挑むアスリート」と多くの人に認めてもらい、ブランドにならなければ、超マイナースポーツで戦う僕はそもそも挑戦を続けられない。そのため、競技で活躍すれば、マスメディアに取り上げられやすく、かつ競技団体や企業などから金銭的支援を受けやすい野球やゴルフなどのメジャースポーツや五輪スポーツなどとは異なる、自分で稼げる独立型アスリートになるべきだと考えた。そこで従来のプロアスリートのように順位への挑戦など結果を売らずに、未知への挑戦という物語を売る。その主な提供先もマスメディアや企業ではなく、講演や書物やコミュニティを通じた個人にする。そうすることで、成功しても失敗しても誰もやっていない面白い目標に向かい続ける限り、挑戦を続けられると思った。

そのためには、競技以外でも、誰もやっていないことを繰り返し繰り返し続けていかなければならない。そのひとつとして、プロアスリートの大きな収入源であるユニフォームへの企業ロゴ掲載をやめることにした。実際、２０１７年には２社と契約し、１〜２レースほどの費用をサポートしていただいたのだが、独立型アスリートになると同時にすべてお断りさせてもらった。一般的に考えるプロとは真逆かもしれない。だが、僕はプロアスリートとして企業ロゴをつけないという「誰もやっていないこと」に挑むことが、僕が挑戦を続けられることに繋がると思うのだ。

契約先へその思いを伝えに行くと、「その道を選ぶにしても、もっと知名度が高くなるまで支援するよ」と、自社の宣伝以上に僕個人の挑戦を応援していただいていると実感できる、感謝しきれないほど嬉《うれ》しい言葉をいただいた。でも、その厚意に甘えてはいけない。苦労しようとも、僕が目指す生き方で大成することこそがお世話になった方への恩返しになると信じて、契約を終了させてもらった。当然、収入面はマイナスになる。だが、この超マイナースポーツでも挑戦し続けることができたなら、他のマイナースポーツ選手や小さな業界でがんばる人たちにも勇気を届けることができるはずだ。

挑戦を共有するアドベンチャークラブ

軸は定まった。では実際にどうやって収入を得て、活動していくのか。未知への挑戦、その物語を、価値のあるブランドにする。そのために最も参考にさせてもらったのがキングコングの西野亮廣《あきひろ》さんだった。芸人として一番活躍できる場であるテレビ出演を自らやめて、絵本やオンラインサロンなど新しい活動の場に舵《かじ》を切っていた西野さんは、新たな価値と自分だけのメディアを作り、独自の物語をファンにダイレクトに届けている。具体的には、「プロだけが作るエンタメからお客さんと一緒に作るエンタメへ」、「収入源は企業の広告費から個人のダイレクト課金へ」、「発信手段は、日本語で国内のみのお笑いから、多言語で海外にも届けられる絵へ」と変化させていた。そのエッセンスを僕も応用できるんじゃないかと思った。

そして10月。僕の前人未到、いや、〝前人未走〟の挑戦を多くの方とわかち合う「アドベンチャークラブ」を立ち上げた。僕の冒険を一緒に、より濃く楽しめるコミュニティだ。会員の方には、その年会費に応じて多彩な内容の特典がある。レースの報告はがきや、レースの体験記を綴《つづ》ったフォトブック、「一緒に挑戦し獲得したメダル」として、レース完走メダルのデザインをモチーフにした特注ミニサイズ完走メダル、また会員限定のSNSグループや定期的なオンラインイベント、そこで盛り上がったオンラインのランニングイベントを一緒に作ったりしている。さらにレースの裏側や挑戦への思いや葛藤などを書いたメルマガ、オリジナルグッズ、動画など様々な特典を用意した。そうして活動資金を得ている。

もちろん、この収益だけでは活動や生活はできないが、メディアでの連載やイベントなどの出演、講演、ロゴ掲載がなくても応援してくださる企業とのアドバイザー契約などを組み合わせながら活動をしている。

　おかげさまで、スタートから約2年になる今（２０２０年10月現在）は２５０名を超える会員数になった。２０１７年に行ったクラウドファンディングは単発のものだったが、ようやく自分の理想とする「応援者とずっと繋がり合える」という形が生まれたのだ。

　そもそもひとりでスタートしたチャレンジに応援者がいること、そしてその応援者も巻き込んで一緒にチャレンジするなんて、２０１４年にはとても想像できなかった。小心者の僕だ。お金を出してまで応援してくださる方の気持ちを思うと、「ちゃんと価値を届けられるだろうか……」「ダメなレースをして失望させないだろうか……」などと不安ばかりが膨らむ。だが、レースを終えるたびに「元気をもらえた！」「ありがとう！」という声をたくさんいただく。その言葉が僕に自信をつけさせてくれた。気がつけば人に喜んでもらえることが、自分のチャレンジを継続する原動力にもなっていた。これからは僕が誰よりもチャレンジをして、まわりの人のチャレンジを引っ張っていく。そのためにこのコミュニティはより身近に、より刺激を届けられるものにしていく。そして世界中の人と一緒に挑戦できる道を作っていきたい。

RESULT

「トランス・ピレネー」（中止による自主レース）

日時：2018年7月30日〜8月16日

場所：フランス　ピレネー山脈

距離：866キロ

合計タイム：425時間（17日と17時間）

RACE MOVIE ▶

2018年に挑戦した
「アルヴィ・トレイル」（6月）
「タスコビア・ウインター・ウルトラ」（12月）の
動画はこちらから！

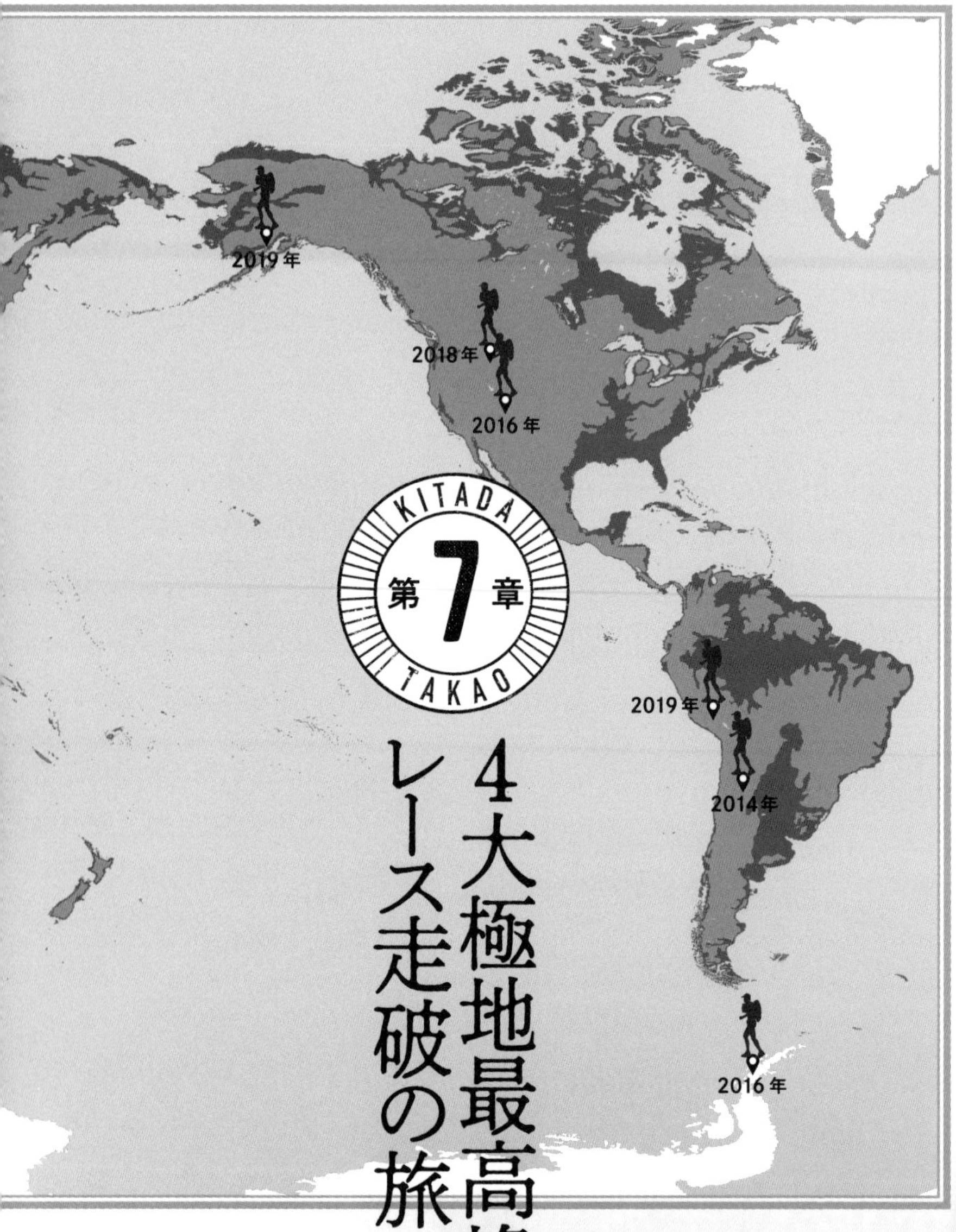

KITADA

第7章

TAKAO

4大極地最高峰レース走破の旅へ

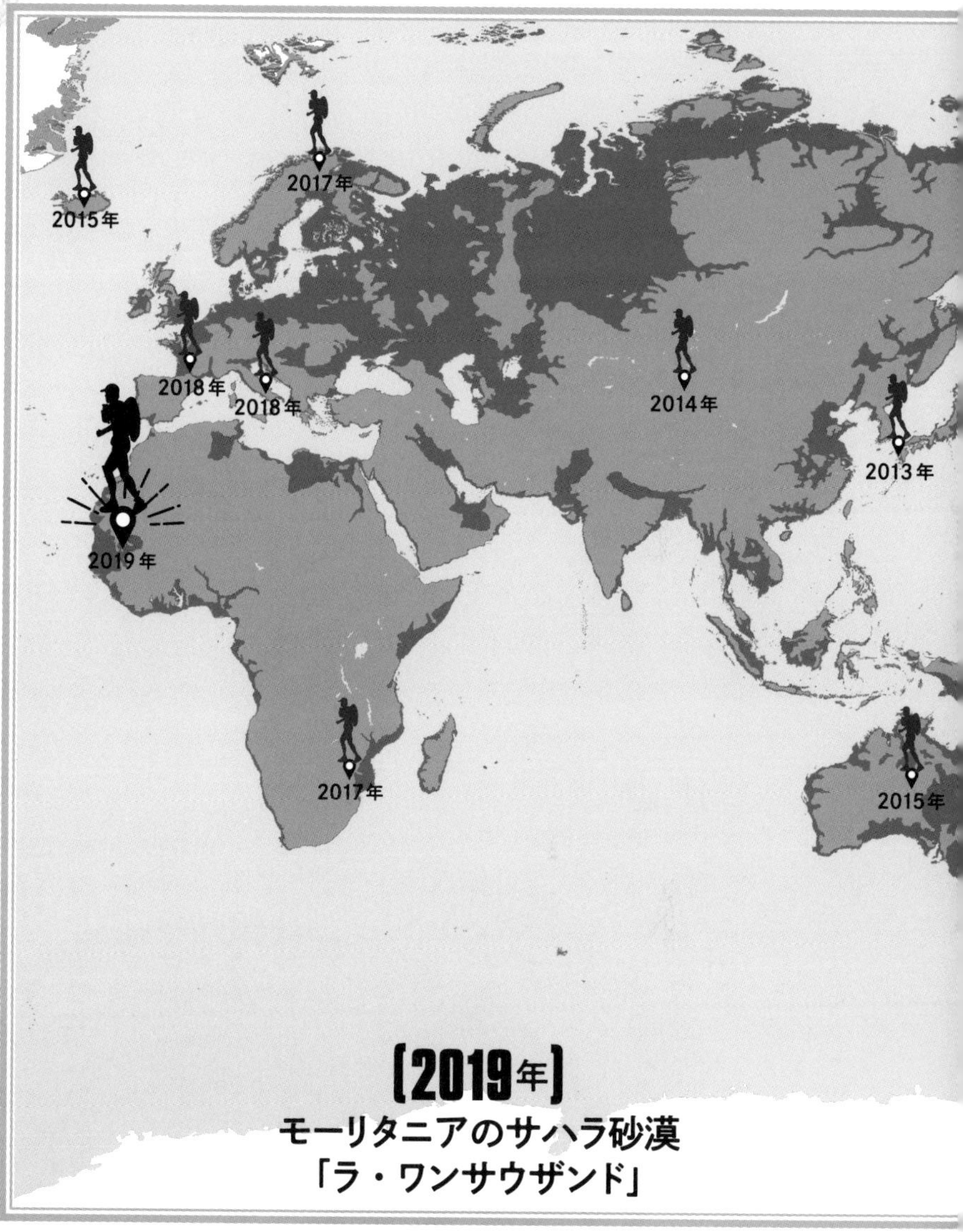

［2019年］

モーリタニアのサハラ砂漠

「ラ・ワンサウザンド」

1000km

ジャングルに砂漠、最高峰レースへの挑戦スタート

２０１９年、４大極地最高峰レースへの挑戦が本格的に始まった。

まずは2月。極寒の氷雪地レース「アイディタロッド・トレイル・インビテーショナル」の２４０キロ部門に挑んだ。昼夜問わず進み続けるノンストップレースで、２４０キロ、５６０キロ、１６００キロの３部門に分かれており、２４０キロからひとつひとつクリアしていかないと、目標としている最長の１６００キロへと進めないルールになっている。そのため、のべ３年をかけて挑むことになる。舞台は厳冬期のアラスカ。最低気温はマイナス40℃になることもあるそうだが、今大会は快晴が続き最低気温マイナス30℃止まりの中、76時間47分、参加9名中4位でゴールした。犬ぞり北極探検家である山崎哲秀《てつひで》さんや、シューズや寝袋やゴーグルなど各装備メーカーにも相談しながら準備を進めたおかげで無事に完走できたものの、一歩間違えば凍傷による生命の危機を感じる、これまでとは次元の違う自然環境の厳しさを知った。

6月。いよいよ4大極地最高峰レースの最初となる、南米ペルーのアマゾン地帯で行われた5ステージ２３０キロの「ジャングル・ウルトラ」に挑戦した。どんな危険な生き物がいるのかとビクビクしながら、底の見えない川を腰まで浸かりながら渡ったり、見るからにヤバイ真っ赤なヘビに遭遇したり、四方八方を蟻《あり》や蜘蛛《くも》や蚊に囲まれたりもしたが、無事に大きなトラブルなく完走することができた。アフリカで感染症にかかった時の学びから、素肌の露出を減らして虫除けスプレーを使うという基本的な対策をしっかりしたおかげだ。レース中の夜はジャングルの一角で、選手各自が持参したハンモックで寝るのだが、いざやってみると案外心地よく眠れるものだ。結果は36時間28分53秒、参加51名中6位でゴールした。地球の様々な大自然に揉《も》まれながら僕は少しずつだが確実に強くなっていることを実感できた。

そして11月。砂漠の「最高峰レース」に挑む。その名も「ラ・ワンサウザンド」。サハラ砂漠を１０００キロ走るノンストップレースだ。

開催地はアフリカ北西部にあるイスラム教国のモーリタニア。国土の90%以上が砂漠で人口は約４３０万人。元フランスの植民地だったことからフランス語が広く使われている。主食は米やパン、スパゲッティ、クスクスなどで、モーリタニア産のタコは日本流通量の約30％を占めているとのこと。そう聞いてそれまでは全く知らない国が一気に身近に感じられた。タコに感謝だ。

気温差は10〜45℃、制限時間は18日間。シンゲッティという街を起点にサハラ砂漠を反時計まわりに1周するコースで、約20キロごとに食事、ドリンク、寝床が提供されるチェックポイントがあり、偶数のチェックポイント、つまり約40キロごとに、自分の荷物を置いておくドロップバッグも活用できる。ただサハラ砂漠には当然道も目印もない。ＧＰＳ時計で方角・距離などルートを確認しながらレースは進む。今回が初開催であり参加者は世界から18名。日本人は僕だけ。だからもちろん日本人初挑戦だ。

サハラ砂漠に向けた〝北田的3大人体実験〟

今回のレースでは様々な課題が考えられた。その中でも絶対に体感しておきたい、克服しておきたい3つの課題があった。そこで〝北田的3大人体実験〟と名づけたトレーニング実験をした。少し紹介しておくが、くれぐれもよい子、いや、よい大人も絶対に、絶対にまねだけはしないでほしい。それほどヤバい実験だ。

まず最初の課題は〝暑さと熱中症〟。日中の気温が最高45℃になる砂漠で2週間以上ずっと走り続けなければならない。程度の違いはあれ、ほぼ間違いなく熱中症にはなるだろう。どこまでいくと本当に危険なのか？　どう対処したらいいのか？　多少でも未然に防ぐ工夫はできるのか？　〝北田的3大人体実験その1〟は、「僕は酷暑の中をどのくらい走ったら熱中症になるのか？」だ。

レース3ヶ月前の8月。最高気温38℃になった猛暑日から炎天下で長時間走を行った。初日は11時間、2日目は10時間を走った。すると見事に軽度の熱中症となり、頭痛と脱力がやってきた。3日目もさらに10時間走る。すると食べ物がのどを通らなくなり栄養補給ができなくなった。気分が悪く水分しか摂れない。さらに思考判断が鈍り、家で会話をしても簡単な言葉がとっさに出なくなった。体のだるさは翌朝も回復しなかったため、4〜5日目は身の危険を感じて、それぞれ4時間と1時間に短縮した。そのおかげで体調は回復し、6日目は19時間。計6日間で55時間320キロの実験となった。結果、僕の体としてわかったこと。猛暑の中を走り続けるには、まずは体温上昇を防ぐ工夫だ。体への異常の指示をだす頭と頭へ血流を送る首元の日射熱を減らすために日除け付き帽子をかぶる。高温すぎると発汗からの熱放散が追いつかないため、こまめに体に水をかけ気化熱を促す。基本的なことだが、熱を防ぐ装備や水の使い方が大事になる。

次に水分と栄養補給。脱水症を防ぐために「20分ごとに２００ミリリットルほどの水分補給」や「適度な塩分と糖分も同時に摂取」など、一般的に言われている対策を基にするのだが、数時間で終わらない活動の中では水分補給をしすぎると食欲が落ちて固形物がのどを通らなくなる。その一線を見極めるのは非常に難しいため、ドリンクに混ぜて多くのエネルギーや栄養素を摂れる粉ミルクのような粉末の補給食を用意する。この2点が特に大切になるとわかった。

ふたつ目の課題は〝睡眠時間〟。ノンストップレースでは、休憩や睡眠時間中も競技時間が進む。つまり睡眠をとらなければ、また睡眠時間が少なければかなり有利になる。〝北田的3大人体実験その2〟は決まった。「僕はどのくらい眠らずに動き続けられるの？」だ。何時間眠らずに動くと意識が飛んだり、判断ミスが起こったりするのか。

実験場所は、日本で一番酸素が薄く、眠くなる場所が最適だと考え、かつて高山病にもなった個人的な難敵、富士山を選んだ。富士山を舞台に48時間以上眠らずに行動してみることにしたのだ。スタートは静岡県富士市にあるふじのくに田子の浦みなと公園。

太平洋の海抜0メートルから「富士山登山ルート3776」を登り始め、市街地を通りながら富士宮ルートの登り口まで38キロ、獲得標高は2400メートル。多くの富士登山者がスタートするここから山頂へ登る。この富士宮ルートこそ、2007年に挑戦した時、あえなく高山病でリタイアした道だった。以後約12年で多くの経験をしてきた僕は、自分の体調を冷静に判断し、深く呼吸をしながら着実に登り富士登頂を果たした。リベンジ達成だ！　少しの安心感は覚えたものの、もう富士登山のリベンジだけで満足する僕ではない。そのまま須走口5合目へ下りる。続けてそこから山頂に登り、吉田ルート5合目へ下りる。また山頂に登り、御殿場ルート5合目へ下りる。そして4度目の山頂へ登り、富士宮ルート5合目へ下る。そうして海抜0からのルート3776に加えて、富士山の主要4ルート（富士宮、吉田、須走、御殿場）を続けて4回登り下りしてみたのだ。結果は53時間一睡もせずに全5ルートを踏破することができた。2晩目の深夜2～3時ごろに眠気を感じるも、限界は感じず、幻覚を見ることもなく終えることができた。ひとまず丸2日は戦い続けることが可能だとわかった。

最後の課題は〝睡眠場所〟だ。第2の実験で、2日くらいの長時間は眠らずに行動できることはわかった。だが、レース中どうしようもない睡魔に襲われて、日中の砂漠で眠らざるを得ない状況になることもあるかもしれない。熱い砂漠で眠っても体力は回復するのか？　〝北田的3大人体実験その3〟は「僕は砂漠でも眠ることができるのか？」。

実験のために鹿児島県指宿《いぶすき》市へと飛んだ。そう指宿名物の砂むし温泉をサハラ砂漠に見立てて試すのだ。ここは砂の温度が約50℃になっており実験にちょうどいい。早速浴衣を身につけて、サハラを想像しながら砂の中に入る。

「らくだが1匹、らくだが2匹、らくだがさ、さ、あ、あ、あちぃ‼」

眠れるかこんなもん！　5分も経つと血管はドクドクと脈を打ち汗はダラダラ。10分経つともう限界。体を休めるどころか激しい脱水状態になった。一考すれば当然だ。天然のサウナなのだから。実験するまでもなかった実験の結果、サハラ砂漠で日中眠ることはまず無理。灼熱《しやくねつ》の砂漠で倒れ込むことがないよう、限界になる前に睡眠をコントロールすることが必要だとわかった。

力強いパートナーとの出会い

もちろん、走るトレーニングも積んでいった。

ピレネー山脈横断で痛めた足底筋膜炎《そくていきんまくえん》は、シューズやインソールを調整したり、整骨院に通ったり、マッサージをするなどあらゆることを試した。だが一向に痛みは引かず、完治にはほど遠く痛みと付き合いながら走らざるを得ない状況だった。そんな中でも長い距離を走っておきたくて、４月末からのゴールデンウィークには新潟から滋賀までの４００キロを走ることにした。

僕はレースに臨むトレーニングとして時々、数百キロを超えるロング走をしている。２０１５年から取り入れ始めたが、これにより長く走る筋力はもちろん、長距離を走ることで起こる足のトラブルや課題がわかり、それに対処するスキルや知恵が身についていった。そしてせっかく長い時間をランニングするなら、好きな歴史にも触れようと思い、２０１５年に初めて高野街道50キロを走って以来、「歴史街道ラン」がマイブームとなった。東海道５００キロ、中山道５３０キロ、甲州街道２１０キロ、熊野古道６５０キロ、伊勢《いせ》本街道１７０キロ、出雲街道２６０キロ――日本の歴史と文化に触れ、食や風景と出会い、地域の人との交流もある。そんな素敵なランニングの楽しみ方を広げ、また世界中のランナーに日本の素晴らしさを広く知ってもらいたい。その思いから、まずは自分が走っている。

今回は、新潟県上越市から滋賀県草津市までの北陸道（北国街道）を選んだ。いつもならひとりで走っているのだが、実は今回はひとりではない。２０１８年に出会い、付き合っている彼女と一緒に走るのだ。僕がアドベンチャーマラソンに没頭しているタイミングで出会ったのだが、極地に旅立つ僕をよく理解してくれたなとつくづく思う。彼女は家でじっとするより、いつも出歩きたいアクティブな性格で、趣味が旅行とロードバイク。そんな女性なので、「じゃ一緒に４００キロ走る？」と僕がなにげなく聞いてみると、「行くーー！」となんとも軽い返事が返ってきたのだ。そうして僕はランニング、彼女はロードバイクで走るという、ひとつのトレーニングの形ができた。

事前に宿を探して予約してくれ、４００キロもの間ずっとランニングのペースに合わせて進んでくれた。道中は日本海の厳しい嵐にあい、季節外れの寒さで凍えそうにもなり、道が荒れている峠はロードバイクを担いで越えたのだが、人生でトップ３に入るほどの楽しい旅だったそうだ。彼女もまた僕と同じ変わり者だとわかった。

前例のない挑戦のたびに僕は不安になる。それでも、いつも変わらず応援してくれる彼女のおかげで不安より安心が少しだけ大きくなり、毎回のレースに挑むことができている。今ではマッサージや動画撮影までもしてくれている。とても大きな支えとなっている彼女に感謝している。

世界遺産の街シンゲッティへ

レースに戻る。

10月30日。日本を出発してヘルシンキ経由でパリへと向かう……はずが関西国際空港で早速ナイフを没収されてしまった。預ける荷物に入れないとダメなのだが、手荷物に入れてしまっていたのだ。過去10回以上も同じ経験をしていて、「ザ・トラック」のときにも失敗したのにまさかの同じミス。ナイフはレースの参加で必須条件となる装備なので、パリで調達するはめになった。……何をやっているんだ。

11月2日。主催者であるフランス人、アランと会った。白髪まじりの75歳のおじいさんだが、身長は１８０センチもあり手も大きい。とても75歳とは思えないエネルギッシュな方だ。よくよく聞けば、なんと１９９５年に自動車レースで世界的に有名なパリ・ダカールラリーのコース７０００キロを、１８７日で単独踏破した経験があるとのこと。気温50℃の砂漠をひとりで進むため、水65リットル、デーツ20キロを乗せた総重量１５

０キロのリヤカーをずっとひいたのだとか。超ウルトラ・レジェンドだ。

顔見知りもいた。「ザ・トラック」で一緒に走ったドイツ人の40代女性ランナー、ブリジッドだ。大手ソフトウェアメーカーに勤務している彼女は、オマーンのワヒバ砂漠で行われる３００キロノンストップレースや、ニュージーランドの高原を走る７ステージ３２３キロレースなど世界でもひと握りの人間しか知らないような秘境のレースに数多く参加している。ランニング自体は得意ではないようだが、途中でリタイアになる可能性があろうがいつも果敢にチャンンジしている姿が本当にカッコいい女性だ。

他にふたり、初対面だが仲良く話してくれた選手がいた。ひとり目はフランス人の50代男性、マレック。身長１８５センチを超えるスキンヘッドの彼は真っ黒のサングラスをかけている。言葉は悪いが、まるでマフィアのような風貌だったが、幼く見えるアジア人の僕を気にして声をかけてくれた。話をすると、ニコニコとやさしい男性で、砂漠でのレースは初めてのようだった。彼もまた自分の限界に挑戦すべく参加したのだという。もうひとりが同じくフランス人の50代男性、ティエリー。恰幅《かっぷく》の良い体型で、自信にあふれた表情をしており、百戦錬磨のような雰囲気が漂っていた。後に知ることになるのだが、ピレネー山脈横断の自主レースにも参加しており、彼はなんと13日でゴールしていた。つまり、僕より5日も早く踏破していたのだ。さらに砂漠でも寒冷地でも山でも、数々のレースをトップ成績で走破していた超人だった。

そして今回、僕には同行者がいた。カメラマンの大和田資《たすく》くんだ。２０１２年に高校の友人を通じて知り合った2歳下の真面目な青年で岩手出身、関西人とはまた違った面白さのある愛されキャラだった。東京の「起業家ホットライン」という経営を学ぶ寺子屋のような講座に通っており、その後、僕も定期的にそこに通うようになった。まわりはバリバリの経営者ばかり。自分でビジネスをしたことのなかった僕たちふたりには講義を聞いているだけで頭から煙が上がるほどレベルが高かった。僕は授業中に質問されても答えられないので居心地の悪い空間ではあったが、「居心地が悪いからこそ通い続ける」と思い、毎月夜行バスで大阪と東京を往復しながらビジネスの勉強をした。そんなこともあり、僕が東京に行くたびに「いつか何か一緒に取り組みたいね！」と熱く語り合う仲となった。

出会ってから7年後にそれが実現した。昨年末に参加したレース「Tuscobia Winter Ultra（タスコビア・ウインター・ウルトラ）」だ。アメリカの氷雪地帯、マイナス15℃を下回る中、２５６キロを制限時間65時間ノンストップで競うこのレースで、ムービーを撮りたい彼と、自撮りではなくプロとしてきちんとした映像や写真を残したい僕の思いが重なり、帯同してもらったのだ。大和田くんはプロのカメラマンではない。ソフトウェア開発の会社で働くサラリーマンで、これまでレース撮影に関わったこともない。さらに海外経験もほとんどない。あるのはガッツのみ。極寒地を走る僕を撮影ポイントで待ち構え、時に並走もして撮影する。僕が過ぎ去ったあとは、慣れない左ハンドルのレンタカーに乗り込んで次のポイントへ先回り。それを65時間、ひとりで行うのだ。いくら車での移動とはいえ慣れない海外、そして極寒の極地だ。危険も多い。今では「いきなり無茶なことしたよなぁ」とふたりで笑い合うのだが、彼のおかげで、これまでにないクオリティで映像を残すことができた。レースも制限時間の４分前にギリギリ滑り込んで完走できたのだった。

そんな大和田くんが「ラ・ワンサウザンド」にも付き合ってくれたのだ。今回は極寒から酷暑の砂漠。しかもアフリカ。勝手が全く異なる。感染症のリスクもあるので予防注射を５本打ち、熱中症や体調不良のリスクも抱えながら過ごす。移動はスタッフの車で行うことになったが、僕以上に英語のできない彼は、スタッフとどうにかコミュニケーションをとらなければならない。さらにカメラは砂に弱く、故障する可能性が高いため、専門的な知識も必要となる。そこで、「情熱大陸」でお世話になったカメラマン高橋秀典さんに紹介してもらい、世界中の極地撮影を得意としている「ＥＡＴ」の鴇《とき》田《た》晴海《はるみ》さんにお会いさせていただいた。鴇田さんはサハラ砂漠での撮影経験も豊富で、一から十まで学ばせてもらった。そればかりか「ＳＯＮＹ」にも繋《つな》いでもらい、極地レースでも使えるアクションカム４台を始め、特殊防塵《ぼうじん》カメラ、衛星通信機器なども貸与していただくこととなった。本当にありがたかった。大和田くんが自腹で買った約20万円のドローンを加えて、撮影に挑んでくれることとなった。自分のチャレンジがまわりに波紋を投げかけ、人の縁を繋ぎ、力を合わせる仲間となっていっている。お金や時間は二の次にしてでも、僕の理想を具現化する手伝いをしてもらえるなんて……。その気持ちを思うだけで、嬉《うれ》しさで胸がいっぱいになる。

　パリから僕たちを乗せた飛行機はモーリタニア内陸部の都市、アタールへと降り立った。国際空港ではあるがまわりにビルのような建物は何もなく、茶色の砂と土の大地があるだけだ。タラップを降りると、モワッとした熱気と焼けるような日差しを浴びた。

目の前には何かの倉庫かと思うような白く小さい平屋の建物があり、そこが入国審査場となっているようだった。滑走路の脇には、次に飛び立つ飛行機に乗せる無数のバッグがそのまま地面にずらっと置かれていた。アフリカに来たと感じた。

　入国審査ではエボラウイルスなどの感染症対策の検温が行われた。通過後、入国ビザを取得するために、小さな部屋でパスポートチェックと顔写真撮影が行われた。こちらも無事に通過したのだが、返却されたビザ証明書を見ると、色濃く白黒コピーをしたような感じで顔が真っ黒！　これじゃどこの誰だかわからない。こんな写真で良いのかと思わず笑ってしまった。　到着ロビーに出ると、たくさんの客引きらしき現地の人たちであふれている。ひとまず日本であらかじめ換金していたユーロから、現地通貨のウギア（１ウギア＝約３円）に両替することはできたが、少しだけ期待していたＳＩＭカードはやっぱり買うことはできなかった。

　カラフルなＴシャツの上には、カーテンほどの大判の水色の布で作られたモーリタニア特有の民族衣装「ブーブ」を肩から足元までまとい、ちらりと見える足元は砂にまみれたサンダル。そして手にはフランス語で書いている看板を持ち、外国人の僕らを見つめる。そんな客引きから「チャイニーズ？」と声をかけられる。海外レースで声をかけられることはあるが、第一声で思い切り日本人以外と間違えられたことに多少腹が立ち、大きな声で「ジャパニーズ！」と言い返す。それでも勝手にスーツケースを運ばれそうになった。チップを請求されるのは面倒と思い、他の選手たちの行く先を追う。駐車場へ出ると、すでに選手たちはいくつかの車に乗り込んでいた。アランはどこかに行ってしまっており、何の説明もなく状況がわからない。なんとか状況を把握しようと、その場の雰囲気を観察する。すると、さっきの現地人たちが運転席に乗り込め始めた。なるほど彼らは現地スタッフだったのだ。そうこうしている間に車はどんどん出発していき、僕と大和田くんはあわてて残っている車に乗り込んだ。パリで集合して以来ろくに説明もされず、スケジュールも行き先もわからないままに。こういうことは他のレースでもたびたびあるので慣れてはいるが、今回は参加選手たちのほとんどがアランの主催する大会の常連だったので、より一層説明がなく物事は進んでいった。

　しばらくすると、とあるホテルらしき建物に到着した。実際はレンガの塀に囲われた砂の中庭に、わらの家がいくつも並んでおり、今日はここで宿泊するようだ。あまりに暑い。40℃を超えていた。日かげで休憩をとり、しばらく時間を過ごすと、昼食が運ばれてきた。赤茶色の米に、大きなぶつ切りのキャベツ、にんじん、いも、そしてブリに似ているがもっと茶色くしたような魚の煮付けとレモン。味付けがほとんどなく、魚は新鮮とはほど遠い生温かさと臭みが混じっている。どうしても食が進まず、僕も大和田くんも魚は半分以上を残した。

「レースのスタートまで３日もあるが、これ、大丈夫か……」

不安な気持ちだけが膨らんでいった。

食事後はティータイムだ。紅茶を10倍ほど苦くしたような味のお茶に、たっぷりの砂糖を加え、さらにミントを入れて煮詰める。それを小さなグラスで飲む。濃厚な苦味と甘味が交わり、とってもおいしい。思わずおかわりをした。これはモーリタニアでよく飲まれるミントティーで、現地のみんなが作れるし毎日飲んでいる。ＳＩＭカードを購入したいと現地スタッフに伝えると、どこからともなく入手してきてくれた。なんとか電波が繋がったものの、通信状態はすこぶる悪く、ほとんど使えない。そうこうしているとまた移動することになった。どうやらここはランチ休憩で集まっていただけのドライブインのようなところで、宿は別のところのようだ。再び車に乗り込み、１時間ほど砂漠を走った。

車は世界遺産の街シンゲッティに到着した。金や象牙、塩を運ぶキャラバンの交易の中継地として12世紀ごろから栄え、一時は3万5000頭のラクダを集めたキャラバンの出発地になったほどの都市である。文化都市としても知られ、1万冊以上の古書が残るモーリタニア最大の観光地だという。だが砂漠に囲まれた街は、経済的には発展しておらず、いわゆる観光地のイメージからは想像できないほどだった。

宿泊先はレンガと漆喰《しっくい》で作られた茶色と白色のホテルだ。小さな部屋が平屋建てで連なり、部屋数は15室ほど。車から荷物を降ろし、向かった先は3人部屋。僕と大和田くんに加えて、大会オフィシャルのフォトグラファーのフランス人、ジャンが同室となった。英語もできて親切で、フランス語のわからない僕たちのために、率先してアランとの架け橋となってくれた。

屋根が丸い部屋に入ると、3人で4畳半ほどの空間。地面は赤褐色の絨毯《じゅうたん》が敷かれ、漆喰の壁は水色、天井はわらでできていた。室内には独特の模様で刺繍《ししゅう》されたマットレスが3枚置いてある。トイレは野外も覚悟していたが、共有の水洗トイレがあり温水シャワーもあった。外にでると、ホテルの高台から360度ぐるりと見渡すことができた。ちょうどラクダを4頭引き連れて歩いている人が通る。ラクダたちはそれぞれロープで繋がれており、前の2頭は絨毯や荷物を背負っている。おそらく商店などへ何かを運んだ後なのだろう。ホテルをでて近くまで行って写真を撮らせてもらった。日が暮れかかると、空一面は青からオレンジへの美しいグラデーションで、キャンパスに描いた一枚の絵のようだ。

真っ暗になった20時に夕食が始まった。20人ほど入れる部屋で、選手やスタッフが一堂に集まって食事をする。アフリカの主食である、小麦粉から作るクスクスとビーフシチュー、それにデーツと水が振る舞われた。クスクスは僕の口に合わなかったが、シチューはおいしく食べることができた。

ハプニングは砂漠のように続く

「ラ・ワンサウザンド」ではコースを示すフラッグなどの目印がない。コース上にスタッフはいない。もちろん道もない。そこで砂漠の中のおよそ20キロごとに設置されたチェックポイントを取り込んだＧＰＳ時計を準備する必要があった。準備段階でアランに聞くと、参加者全員が「ガーミン」のものを使用するという。この時計に地図表示はなく、登録したポイントへの方角と直線ルートだけがシンプルに表示されるので、天候や体調不良の状況で道に迷ったとしても、ディスプレイを確認すればすぐに方向を修正できる。米軍特殊部隊で使用されているGPSモニターや高感度GPSチップがついているので砂漠の中でも耐久性が信頼でき、さらに乾電池使用なので、充電せずともドロップバッグごとに電池を交換すれば済み、最適ということだった。

ただし日本語表示や説明書のない商品だったので、設定やチェックポイントの取り込みをミスしていたらレースどころではなくなる。アランが購入から準備まで一切の準備をしても良いということだったので、僕はすべてを彼に任せて依頼していた。そして、そのGPS時計を受け渡された。

「乾電池はちゃんと持ってきたか？」

「え？　持ってきていない。だってあなたにお願いしていたから」

たどたどしい英語で説明すると、みんながざわつく。このGPS時計は単4の乾電池2本でのみ動き、使用可能時間は約17時間。レース日程の18日間使うことを想定すると、50本も必要となる。だが、ここでは電池が入手できないとのこと。GPS時計がないと、砂漠で遭難必至。レースに参加できない。思わぬハプニングに脇汗をビッショリとかく。

「ずっと誰かと一緒に走ったら？」

「GPSを使うのは1時間おきでいいんじゃないか？」

他の選手は冗談まじりの会話をする。僕は必死で抗議する。マレックが間に入って、危機的状況を真剣に説明してくれ、アランや他の選手たちから余っている電池をかき集めることになり、なんとかほぼ18日分に相当する48本が集まった。これで遭難せずにレースができる。

なんとかなったものの僕の準備が甘かったせいだ。ドロップバッグや予備アイテムを含め、のべ１５０種以上のアイテムをレース数ヶ月前から準備とチェックをしてきたのだが、段ボール箱20個を超える物量を管理する難しさを理解していなかった。４畳半の僕の部屋が段ボール箱で埋め尽くされると、頭が考えることを拒否してしまったのだ。さらに僕の「なんとかなる」性格が裏目にでて、肝心の電池は準備されていなかった。今後はこの規模のレースになると、どこかに準備専用の部屋を借りて、第三者チェックをしてもらう必要があるな、と感じていた。

ハプニングは続いた。

制限時間がここにきて20時間ほど短縮され、約17日間になったのだ。予定されていたモーリタニアからパリへの復路便が1日前倒しになったためだ。「こんなことあり？」とも思ったが仕方がない。素直に変更を受け入れた。

翌朝5時に起き、6時過ぎから軽くランニングをした。昼は40℃を超えるが、夜明けは涼しく、気持ちよく走れる気候だった。シンゲッティの街を1時間ほど散策する。街にはラクダやロバがたくさんいて、共同使用の井戸がある。まさに砂漠の中のオアシスという感じだ。売店もあり、フランスパンとジュースとお菓子が売っていた。

朝7時、日の出。日本では絶対に見ることのできない砂漠の地平線から浮き出てくるオレンジ色の太陽を堪能した。

ホテルに戻って朝食。フランスパン、バター、ジャム、コーヒーとシンプルだったがおいしかった。コース説明などが行われた後、部屋に戻って休憩していると、ふと白いものが目に入った。スーツケースの上に、無数の白い虫がいるのだ！　急に体中がゾワゾワしだしあたりを見渡すと、マットレスや枕の上にもいっぱいいる！　大急ぎでウェットティッシュを出して、一匹一匹摘まんでいった。外から飛んできたのか、わらの天井から落ちてきたのか、わからない。きっと夜寝ている間も、体にまとわりついたりしているだろう。日本から持ってきた国内最強の虫除けスプレーを振りまき、とにかく病気にはならないことを願った。感染症になるのは、もうごめんだ。

ひと段落してからレース中の約40キロごと、全24カ所に置く荷物を仕分けた。この荷物から走る間の食料を補給し、ウェアや医薬品の交換をするのだ。その準備を何ヶ月もかけて行ってきた。

レースでは１００キロごとのチェックポイントで温かい食事（野菜スープ、パスタ、クスクス、ライス）やデーツが提供されるとのことだった。これまで世界各地を訪れレースをしてきた経験から、アフリカで提供されるパスタを日本で食べられるパスタと想像していては絶対にだめだと思った。全くの別物がでてくるくらいに思っておいたほうがちょうどいいはず。満足できる量がでるかどうかもわからない。そう危機管理し、主催者に頼らずすべて自前での準備を前提に考えることにした。

砂漠を１０００キロ走るためにはどんな食料がどれほど必要になるのだろうか。調べた結果、約11万キロカロリーが必要になるとわかった。これは成人男性に必要なカロリーと言われている1日２２００キロカロリーの約50日分、おにぎりだと６１１個分に相当する。過去のレース経験からも毎日ずっと走り続けると1日約５０００キロカロリーほどが必要になる実感もあるので妥当な数字だと思った。水分は成人男性に必要な量と言われる1日2・5リットル、70〜100日分に相当する175〜250リットルというのが目安となった。これらを限られた中でどう揃《そろ》えるのかを悩んだ末、4種類に分類して準備することにした。

ひとつ目が「水分補給時の食料」。大量の補水と合わせてエネルギー摂取ができれば、吸収と消化で内臓を動かすことが少なくなり負担が少なくなるからだ。そして暑さでバテてしまった際にも栄養補給しやすい。これは熱中症実験でわかったことだ。そこでずっと愛用している粉末の完全食を「COMP」協力のもと揃えた。この完全食は、脂質、糖質、タンパク質、ビタミン、ミネラル、食物繊維など人間に必要な栄養素がすべて入っている食品で、日常生活なら理論上はこれだけ食べれば生きていけるものだ。それを約6万キロカロリー分準備する。豆乳のような味なので、なるべく飽きがこないようオレンジやグレープなどの粉ジュースを混ぜて味を変える。

ふたつ目は「走りながらとる行動食」。これは食事時間の短縮とカロリー摂取が主な目的で、おいしく食べやすく飽きないもの。砂漠で2週間以上も預ける荷物に入れておくため、乾燥しづらいものが良い。もちろん軽ければ軽いほうが望ましい。そこで選んだのがお菓子。やさしい味の「タマゴボーロ」、「ビスコ」、甘い味の「トッポ」、「カントリーマアム」。塩気は「ぼんち揚」、「おにぎりせんべい」など。大型スーパーの菓子売り場で、小分けのものを買い集めた。

3つ目に「チェックポイントでの食事」。レトルトのカレー、牛丼、フリーズドライ食品の雑炊や味《み》噌《そ》汁、フルーツなど、心身がリフレッシュできるものを揃えた。これはチェックポイントで止まって食べることを想定しているため、走るときには自分で持ち運ばず、運んでもらうドロップバッグに入れておくから重さは考えなくていい。とにかく保存がきく好物を選んだ。牛丼は当然レンチンなどできないので、常温で食べることになる。そこで常温で食べた時、どの商品がおいしいのかも徹底的に食べ比べをした。各メーカーとも常温でのおいしさなど想定していないだろうが、基本的には油分が固まっていたりしておいしさは半減する。その中でも、常温でおいしく食べられる商品を見つけて選んだ。

最後に「サプリメント」。長期間走ることにより疲弊する筋肉と内臓を支える狙いだ。内臓の消化機能のエネルギー源となるグルタミン、疲労を軽減させるイミダゾールジペプチド、さらにパフォーマンスを上げるアミノ酸などのサプリを選んだ。

そうして食料だけで計14万円、成人男性50日分の食料を準備した。これは金額・量ともに群を抜いて過去最大の準備だった。僕がアドベンチャーマラソンをやり始めたころは、ただ単に「カロリーが高く重量が軽い食料」という浅い考えしかなかったが、今では猛暑地で起こる体調不良に適しているものは何か、どんなものを摂れば筋肉疲労の軽減や精神のリフレッシュが期待できるのか、どうすれば飽きずに補給し続けられるのかなど、多方面から考えることができるようになった。「どん兵衛」に泣かされた自分が懐かしい！

　食料と同じく、準備に膨大な時間を費やしたのが装備である。未知のレースを想像し、仮説をたて、検証することは非常に難しい。そこで専門家に相談したり、類似レースを見たり、様々な資料を調べたりして、あらゆるリスクを洗い出し、対処方法を考えた。たとえばマイナス30℃だった「アイディタロッド・トレイル・インビテーショナル」などの寒冷地レースでは、エベレスト登山レベルの厚手手袋をはめているため、ウェアやバッグのファスナー、ペットボトルのキャップが開けられないなど、日常では考えられない事態になることがわかった。そのため、ファスナーには大きな取っ手をつけたり、ペットボトルは大口のものにするなど試行錯誤した。そうして様々な状況でもとにかく簡単に、ストレスなく扱えるものを重要視した。さらに重さ、コンパクトさ、携帯性も合わせ、揃えた。

主だったものをざっくりあげてみる。

日除け付き帽子（暑さ対策）、ダウンジャケット（寒さ対策）、透明調光サングラス（紫外線・夜間砂嵐対策）、寝袋2個（現地で選択し、睡眠対策）、ソックス24足（細かく履き替えマメ対策）、皮膚保護クリーム（マメ・股ズレ対策）、虫除けスプレー（感染症対策）、リフレッシュシート（不快感対策）、シューズ3足（サイズを通常サイズと、０・５〜１・０センチ上げて足が腫れたときの対策）、ゲイター（足元から足首まで覆い砂対策）、各種の薬（熱、下痢、嘔吐《おうと》、腹痛、眠気、やけど、切り傷、すり傷などの対策）、治療キットとしてナイフ、消毒剤、絆創膏《ばんそうこう》、テーピング用品。そして、カメラ3台（アクションカム、スマホ、３６０度カメラ）、バッテリー6個。必要なものには防塵、防水などの工夫を施す。ちなみに、サングラスは「デューク」の特注。シューズやウェア類は「ミズノ」、虫除けスプレーは「アース製薬」、皮膚保護クリームは「アースブルー」と様々な会社にも専門家のアドバイスから協力いただいた。どれも日本トップ企業の経験と技術を結集したアイテムだ。結果、アイテムの合計は50種類を超えた。こちらも過去最大の量となった。

それらを24ヶ所のチェックポイントに分けて置く。それぞれのアイテムを何キロ地点に置くのか、どこで故障やトラブルが起きそうかを想定して分けた。想定するのが最も難しかったのが足の腫れ。これは路面状態と気温によって変わってくる。考え抜いた末に、予備シューズは３６０キロ地点に０・５センチ大きなものを、５００キロ地点に１・０センチ大きなものを準備しておくことにした。

気温は45℃！　熱中症と腹痛との戦い

11月5日。朝4時半、起床。準備を始めた。足元のマメ予防のために皮膚保護クリーム、やけどを防ぐために顔や手に日焼け止めを塗る。リュックには底に寝袋やダウンジャケットなどのかさ張るものを詰め、上部にはライトや薬など使用頻度の高いものを入れる。外側にあるポケットには、走りながら摂りたい食料とドリンクを入れたボトルをつけた。リュックの重量は5キロほどになった。

簡単な朝食を済ませ、夜が明けようとする6時半。体操をする選手、入念に装備をチェックする選手、ビデオでメッセージを残す選手、それぞれの方法でスタートを迎えていた。互いの健闘を願い「グッドラック！」と言い交わす。主催者のアランから話があったが、僕は興奮していて何も覚えていない。

スタートを切った。

およそ東京から福岡までの距離にあたる１０００キロを走破するために、毎日60キロ、つまりチェックポイント3個分を進み、計17日で走破するレースプランを立てた。

シンゲッティの街を越えると、あっという間に砂丘地帯だ。砂はやわらかくもろい。一歩踏み出すごとに、足が埋もれて踏ん張れない。僕は第2グループで3位の選手の後ろについていたが、その選手とも途中の分岐点のような場所で離れた。都度ＧＰＳ時計を見て確認するが、ルートは20キロ先のチェックポイントに向けてただ一直線に線が引かれているのみ。当然、道はない。単なる砂漠なのだ。ＧＰＳ通りに一直線に進めば最短距離なのだろうが、砂丘は山になっており、上り下りし続けることになる。だがそのアップダウンを迂回《うかい》するにしても、どっちに行くのが良いのかさっぱりわからない。暑さで火照ってきたせいもあってか、頭が混乱してうまく判断ができない。

記念すべき20キロのチェックポイント1は、スタートから3時間半の5位で到着した。

本当にあるのか不安だったが、ＧＰＳ時計の位置通りのポイントにあったことに感動した。そこは何人かのスタッフと、1本の木のかげにシートが敷いてあるだけの簡素なもの。一面見渡す限り砂漠の中のピクニックという風情で写真に収めたら特別な一枚になるだろうが、レースの休憩地としては、全然くつろげそうにない。先行きがとても不安になる。水を補給し10分だけ体を休ませ再スタートした。

正午になると気温は45℃を超えていった。照りつける太陽で体中が熱を帯びる。足元はまるでヒーターがあるかのような熱気だ。尋常じゃないほど汗をかき、手足もしびれてくる。

「次のチェックポイントまであと10キロ。すぐじゃないか」

たとえばアスファルトの舗装道路を走っているならその通りで、10キロは1時間も走れば着く距離だ。しかし砂漠ではそうはいかない。足が砂にとられ何倍も重い。進まない。フラフラしだして倒れそうになったので、木かげを探し休んだ。残りわずかになった水を頭にかけて冷やし、5分ほど休み走り出す。ＧＰＳで最短ルートをたどる余裕もまったくない。先行する選手の足跡を必死に探しながら進んだ。チェックポイント1を出発してから5時間半後、全体の40キロ地点のチェックポイント2に着いた。10畳ほどの白いテントにマットが敷かれている。意識はすでに朦朧《もうろう》としており、リュックを降ろすと同時に倒れ込んでしまった。

「だめだ……。気持ち悪い……」

だるい。吐き気ももよおす。全身が熱い。日本での実験で軽度の熱中症を経験してきたが、その症状をはるかに超えるひどさだった。スタッフからもらった水を、風の通る日かげで全身にかけつづけた。同行する医師が診察にやってきた。

「熱中症だ。回復するまでここでゆっくり寝て休むように」

ドクターストップが伝えられる。言われる前からもう限界だと感じており、そうするほかないと思っていた。

「……まだ40キロだぞ。初日でこれか。残り９６０キロもあるんだぞ。こんな状態が続くと完走などできるはずない。それ以上に命が危ない……」

頭に浮かぶのはそんなことだけだった。

３時間が過ぎた19時ごろ陽が傾いてきた。時を同じくして、僕の体からも少し熱が引いてきた。頭はまだぼーっとするが、体を起こせるようになり、なんとか危機的状況は乗り越えられたようだった。食欲も少し回復した。気がつけばブリジッドもテントの側の日かげで休んでいた。だが、様子が少しおかしい。医師やスタッフがゆっくり休むよう彼女に伝えるのだが、「それではゴールができない‼　どうすればいい‼」などと大声で叫んでいる。パニック状態に陥っているのだ！

「これから真っ暗な夜になる。この状態では遭難や命の危険もでてくる。あとから来る最後尾の選手たちと一緒に行くように」

僕たちふたりはそう指示された。マレックを含めた最後尾の選手3人がやってきた。彼らは制限時間ギリギリにゴールできるよう、とにかく無理せず同じペースで進み続けるレースプランだったようだ。彼らに合流し、次のチェックポイントまで進むことになった。

20時から漆黒の闇の中を進む。4時間ほど横になっていたおかげでなんとか歩けるまでに回復したが、順位は最下位になってしまった。5人で前の選手たちの足跡を探し、たどりながら進む。理由を聞くと、「上位選手はコース取りがうまいから、足跡をたどるのが早くて正解だ」ということだった。チームで進んだかいあって、ゆっくりだが着実に前へ進んだ。

午前1時半。60キロ地点のチェックポイント3に到着。テントに入ると何人かの選手が雑魚寝していた。テーブルには、残り物のパンとシチューとオレンジがあった。全快ではないものの食欲も少しでてきた僕は、まともな食べ物を補給することができた。その後、1時間半だけ仮眠をとり再出発。疲労しきっていたが、出遅れた分を取り戻そうと暗闇の中をひとり歩き始める。

　仮眠のおかげでゆっくりと走れるようになっていた。前方から砂嵐が舞うが、それは想定済みだ。準備していた透明サングラスで夜間でも目を痛めることなく進む。だが同時に想定外のこともある。風のせいで先行する選手の足跡が消えてしまうのだ。進んでも進んでも真っ暗で景色は変わらない。ＧＰＳが示す通りに行けば砂丘にぶつかる。ラクダらしき動物の骨に遭遇する。とても走るところじゃない場所が現れる。まわりを見渡しても道というものがないため、ＧＰＳと自分の勘で突き進んでいくしかない。もしこのＧＰＳが間違っていたら、もし暗闇の先に大きな崖があったら、そんなことを考えてしまうほどひとりきりの闇は心を不安定にさせる。しかし、人間は孤独を強く感じる経験があるからこそ、まわりの人のありがたさを感じることができ、感謝の気持ちを忘れずに生きることができるのだ。孤独は〝大切なものを気づかせてくれる大切なもの〟

でもあるのだ。

夜明けまで何時間もの間、孤独と戦い続けた。夜が明けると、地平線の彼方より光輝く朝日が昇ってきた。

「綺《き》麗《れい》やなぁ……」

思わず口から言葉があふれる。太陽の力と偉大さを感じた。思えば初めての「ゴビ・マーチ」から、いつもいつも弱ったときには太陽にパワーをもらっている。太陽に感謝する。

だがその感謝は続かない。陽が昇っていくと、ジリジリと暑さが増し今度はすぐ恨みたくなる存在になるのだ。１日目のように倒れないようペースを調整し、水を有効に使い、木かげを見つけては休む。それでも日中は脱水になり熱中症気味になる。チェックポイントに着いても食事をとる気にならず、ついつい冷たい水分ばかり摂ってしまう。そのせいで内臓が弱り、気持ち悪さは悪化していった。それでもなんとか、３日目の24時前、２００キロのチェックポイント10までたどり着いた。

空腹なのに、食欲は湧かない。疲れ切った体は固形物を食べる力をもたない。現地スタッフから温かいスープを差し出された。「これならいけそうだ。栄養も摂れるだろう」と思いスープだけを飲んで眠った。するとひと眠りした後に、内臓がちぎれそうになるほど、ひどい腹痛で目を覚ます。

ほどなく強烈な便意をもよおす。テントを出て何もない砂漠で用を済ます。ひどい下痢になっていた。おそらくスープに入っていた食材にあたったのだろう。出し切ったおかげで腹部のハリは少し落ち着いたが、痛みは治らない。とても出発できそうもない。再び2時間ほど眠りについた。

朝を迎えると体調はさらに悪化していた。頭痛もやってきた。少しでも状態を緩和させるべく鎮痛剤、下痢止め、胃薬を飲んだ。そして、「病は気から」と自分に言い聞かせ、少しでも前進しながら自然治癒で回復させることにした。

しかし気持ちで回復するわけはない。下痢は一向におさまらず、5日目が終わるまでの2日間、1日に5回も6回も用を足す。ただでさえエネルギーが足りなくなるのに下痢で消費されていく。体はやせ細っていき、みるみるうちに栄養失調状態になっていった。

体に力は入らず、太ももが麻痺《まひ》してくる。明らかに筋肉は壊れていった。もう歩くことすらつらい。なんとかしないといけない。まずは食欲の回復だと思い、あらゆることを試みた。暑くて倒れそうな中でも、温かい飲み物しか飲まないようにした。走ったままチェックポイントに着くと疲れ切った状態ではすぐに食事がとれなかったので、２キロ前からは走るのをやめて歩き、内臓の振動を抑えることにした。リュックのベルトも緩めて圧迫負担も減らした。休憩時に一気に水分を摂らないようチェックポイント到着の30分〜１時間前にあらかじめ水分を多めに摂っておくことにした。食事前に歯磨きをし味覚をリフレッシュすることにした。そんな細かなことを体調が戻るまで積み重ね続けていった。

「命とゴール」を天秤にかけ迅速に的確に判断する

６日目の22時50分。３６０キロのチェックポイント18に到着した。想定通り、足の裏が腫れて膨らんでいた。ここで準備していた０・５センチ大きいシューズに履き替える。これは計画通り。ぴったりのタイミングだった。もう少し足裏が腫れていたらシューズが窮屈になり、その圧迫で痛みやマメの生じるリスクがより高かったからだ。ここまでの６日間、毎日４時間ほどの睡眠をとり20時間を活動時間にあてた。なんとか体はもってくれた。

経験でわかる。アドベンチャーマラソンで大切なことは、変化する事態に対して、常にその時のベストな判断を迅速にしなければならないことだ。どのくらい睡眠をとるべきか？　その睡眠でどのくらい体力は回復しそうか？　水分はいつ、どのくらい摂るべきか？　疲労した足や体のケアは何をいつどうするのか？

暑さ、体力、下痢、頭痛、足裏の腫れ、筋肉痛、すり傷、メンタルの低下、眠気、空腹……それらすべての課題に対して、効果とリスクを常に考えて判断しなければならない。たとえば足裏のトラブルに対する効果とリスク。「順調に走れているから今は大丈夫」と思って、皮膚保護クリームの塗り直しや、休憩時に靴下を脱いで湿気をとるなどのケアをしないとする。この効果はケア時間が減り、少しでも早くゴールにたどり着けるかもしれないことだ。一方で、そのケアを怠ったことで、のちのち足がズルむけになって走れなくなるリスクがある。僕はそのふたつを天秤《てんびん》にかけるなら、リスク回避を重視する。だからレース中に時間がかかろうが、ケアは怠らない。

熱中症と食欲減退のリスクを回避するためにも、引き続きあらゆる策を講じ続ける。もしかすると6日間で体も暑熱順化《しょねつじゅんか》して食欲減退も起きなくなったのかもしれない。しかし、小さな取り組みをやめると、再び暑さや栄養不足で倒れてしまうリスクがあるかもしれない。その取り組みをするかしないか、「命とゴール」を天秤にかけて判断する。

自分の心に対しても同じだ。レース前は強い気持ちで臨むのだが、もともと強靭《きょうじん》な精神力を持たない僕だ。過去に経験したことのない１０００キロという距離を走っていると完全に心が折れてしまうかもしれない。そうなるともうゴールは不可能だ。だから時に弱音を吐き、時に自分を鼓舞する。限界ギリギリまで挑みつつ、致命傷だけは避け、コントロールできる余地は残しておく。

「それをやらなければのちのちどんなリスクがありそうか？」とまず想像し、そのリスクを絶対に避けるべきなら、労力や時間がかかろうが取り組む。常にそう考えるようにしている。

この考えや判断は、アドベンチャーマラソンを通じてより磨かれてきた。常にリスクと隣り合わせの極限の状態では、冷静に、よりベターな選択が求められることを身をもって体験してきたからだ。さらにいえば、多少の痛みを伴おうが感情に左右されずに判断することも必要なのである。

レース以外の社会でも、こうした判断の重要性は往々にしてある。僕はアドベンチャーランナーとして日本人初の7大陸走破を狙うため、かなり無理をして短期間で実行した。肉体的にはリスクがあるが、そうしないとほかの誰かに先を越される可能性があるからだ。理想とするプロアスリートとして生きるには、もう少し収入源や先の見通しをつけてからという選択もあった。だがプロアスリートになってみないと経験値は得られない。社会情勢やけがなどの要因で挑戦するタイミングを逃すかもしれない。常に効果とリスクを考え、リスクより効果があると思ったから、早くプロ化する道を選んだのだ。その判断が正しいかどうかはこれからわかるはずだ。

　チェックポイント19へは先に18に到着していたマレックと一緒に出発することになった。ライバルではあるがほかの選手と一緒に進めるのは気分が全然違う。孤独を感じないし、なによりコースのロスが少なくなる。特に会話することはない。だが、言葉を発しなくとも、心の中で互いに励まし合いながら進んでいけるのだ。

　そうしてここから3日間、時に目視できないほど互いに離れつつも、チェックポイントでの休憩時には再会し、５４０キロのチェックポイント27まで到達した。マレックは「体力の限界がきたのでここで少し休む」と言って眠りについた。僕は「これまで通りまた後で会おう」と言って先を急いだ。

再びひとり旅が始まった。

このころにはささいな試みの積み重ねの効果があり、食欲も体力も回復してきていた。それでも砂漠で毎日60キロ以上を進んでいるため、体の痛みはなくならない。砂丘を避けるために蛇行したりするので実際に走っている距離はもっともっと長い。序盤の区間は、ＧＰＳ通りにまっすぐがんばって走った。でも僕より後ろに出発した選手が〝歩いて〟先に到着していたのだ。しかも45分も前に。僕はどれほどロスをしていたのか。それが積み重なっているのだから、相当な距離になっているのだろう。

中間点の５００キロを超えたあたりから、徐々にだが、サハラ砂漠にも、このレースにも慣れて変化が現れてきた。少しでもストレスを減らし快適に過ごせる工夫ができるようになったのだ。たとえば、チェックポイントで提供されるパスタやライスの味つけ。これは塩かケチャップの二択しかなく、ずっとそれで我慢していたのだが、ある時、持参していたレトルト牛丼をぶっかけて、牛丼パスタにしてみた。これが抜群においしいのだ。これで食のストレスが軽減された。

ウェットタオルの使い方も変えた。それまでは一度使ったらポイントごとに捨てていたが、水を含ませればまだまだ体をふけるし、休憩時に濡《ぬ》らして足に巻いておけば、アイシングにも活かせることがわかった。少しでも火照った体を休めることができると、脳も安らぎ、休憩のたびに疲れをリセットすることができた。水も、当初は取り出しやすいようリュック上部に入れていたが、実は底に詰めておいたほうが揺れが少なくなり、同じ重さであっても肩を中心に体への負担が少なく走れることもわかってきた。長く走る秘訣《ひけつ》はどれだけ負担を減らし、省エネルギーでいけるかなのである。アームカバーが上腕からずれ落ちてくる対策としてゴムで留めるようにした。「ずれを直す」という本当に数秒の負担なのだが、そんなことでも減らせると心身は楽になる。

体も熱中症や下痢などのトラブルを一度乗り越えてきたことで、サハラ砂漠の灼熱の環境であっても体温上昇を防ぐ術やペース配分など、体調異常のリスクをコントロールできるようになってきた。

少しずつだが「このままいけば完走できるかも」という見通しが見えてきた。しかし、先行する選手とは1日も差が開いている。今からどれだけがんばっても追い越すことは不可能に近い。つまり、僕に残っているのは自分との戦いだけということだ。それが精神的に一番つらかった。追いかける相手がいなければ、走っても走っても、何も変化のない終わりの見えない地平線が続くだけ。日中は暑さで倒れないようにすることだけ、夜は走りながら眠り落ちないようにすることだけで精一杯の戦いが続く。チェックポイントでは急いで食事をとって横になり、4時間の睡眠をとればどれだけ眠くても、つらくても無理やりに体を起こす。そしてまた1日中、痛みに耐えて走る。その繰り返しが、つらくてつらくて仕方がなかった。

そんな孤独という言葉では表せないつらさを吹き飛ばしてくれた、予想もしていない嬉しい出来事があった。

720キロのチェックポイントでのことだ。カメラマン大和田くんと日本にいる協力者が連携して数日ごとに行っていたフェイスブックでの現状報告に対して、日本からたくさんの応援メッセージをいただいていた、そのコメントを見ることができたのだ。

「雄夫、がんばれー！　ずっとずっと応援してる！」

「あなたの一歩がみんなの勇気になってます」

「いつか自分がやってみたかったことを、本当にやっている人がいる。そのことだけで心が震えます」

ずっと抑え込んでギリギリのギリギリで我慢していた感情があふれ出した。思わず涙がこぼれる。

「そうだ。僕はひとりじゃない。こんなにもたくさんの人に支えられているんだ」

当たり前のことだけど応援の力は本当にすごい。学生の短距離選手時代から今までもたくさん応援してもらってきたが、実際に世界の果てでギリギリになってひとりで挑んでいる極限の状態で応援してもらうと、心にズドンと響く。どこにあったのか自分でも驚いたのだが、がぜん力が湧き出てきた。自分を信じて、そして応援してくれている人を信じて、自分の奥底に眠る未知なる力を出し切る。必ずゴールする！

まさか食料がないなんて！　そしてゴール

８００キロを過ぎた。

13日目の23時にチェックポイント40に到着し、ここに置いてあるドロップバッグで自分が準備していた食料をとってひと休みする……はずだった。だが、準備していたフルマラソン相当の40キロ分、時間にして約10時間分の僕の食料や荷物がないのだ！　まさかの事態と、疲れ切っていたせいもあり頭も働かずパニック状態に陥る。スタッフに聞くも「荷物はそこにあるだけだ」の一点張り。信じがたい事態だったが、ないものはない。砂を掘っても出てくるわけでもない。後戻りすることも、誰かに頼ることもできない。ただただ現実を受け止めるしかなかった。とにかく地面、いや砂上をはってでも、次のポイントへ行くしかない。

一度、冷静になって考える。リュックにはわずかなお菓子が残っている。チェックポイントでは提供されるパスタとデーツがある。今パスタを食べて寝て、朝またパスタを食べてなるべく体力をつける。翌日に使う体力を考慮し、睡眠時間は計画より1時間多く5時間にする。そして可能な範囲でもらったデーツとお菓子を行動食にする。これで乗り切るしかない。エネルギーは枯渇していたが、本当に命からがらで先へと進んだ。

40キロ先のチェックポイント42では僕の荷物がふたつあった。前回の分が間違って運ばれていたのだ。スタッフには「ごめんなさい」と謝罪されたが、今さら怒っても仕方がないし、１０００キロもあればなんらかの運営トラブルもあるかもしれないと想像していたので、「大丈夫。ここでバッグ2個分補給するよ」と冗談まじりに言った。内心は、本当に無事にたどり着いて良かったという安堵《あんど》だけだったが。

残り100キロ。時間にして2日間くらいというところまできて、ようやくゴールをはっきりと意識することができた。振り返れば、初めてウルトラマラソンに挑戦したときは、この100キロを走り終えることすらできなかった。アドベンチャーマラソンを始めた時も、最長ステージが70~80キロあると気が遠くなる思いがした。それが今ではあと100キロを「ゴールまでもう少し」と思えるようになっている自分がいる。

もしも「これまで挑戦を続けてきて失ったものは?」と聞かれれば、僕は迷うことなく「距離感覚」と答えるだろう。100キロがあと少しで、1000キロは自分の足で走る距離になった。つまり、今の僕にとっては「首都圏内や関西圏内の100キロはあと少しの距離」で、「東京~福岡間、大阪~青森間の1000キロは走る距離」なのだ。経験とともに距離の感覚が麻痺してきている。だからこそ、人間は面白い。そんな人間の奥底の未知なる感覚を知ることへの興味も、走る理由のひとつになっている。両足の裏にはいくつもマメができたが、ほかの選手たちは皮膚が擦り切れて血だらけになっていると聞く。よくここまで持ちこたえてこれたと思う。

走っている時は1000キロ先のことなんて考えていなかった。考える余裕なんてなかった、ただ必死に1日を、1時間を、1分を、1秒を前に前に進んでいたら1000キロに到達していた。そんな感じだった。

ついにゴールを迎える。

フィニッシュラインには、大きなフラッグと、僕を迎えてくれているアラン、大和田くん、先行してゴールしている数名の選手たちが待ってくれている。僕は準備していた日本国旗を片手に持ちながら、満面の笑みで走る。

ゴールだ！　最後は走りながらアランの胸に飛び込む。75歳の大きな体でギュッと抱擁してくれた。

「いけた！　本当に自分の足で1000キロを走ることができたんだ！」

大きな喜びが込み上げてきた。みんなと完走を讃《たた》え合う。同じ苦労をしてきた仲間とこの感動をわかち合えることがものすごく嬉しい。少しして大和田くんに1000キロを走破したことへの思いを聞かれた。

「人間の可能性を改めて知ることができた気がする。途方もない距離だったけど、一歩一歩と前に進み続けていけば大きなことができるんだと実感することができた。だからこそわかった。限界はまだまだ先にありそうだよ」

そんな言葉が自然とでてきた。

終わりがないのではと思うほど長く長く長かった道なき道。何度も何度も心が折れそうになった道。これまで６年間、必死に生きてきたアドベンチャーランナーとしての道。そのすべてが少しだけだが報われたような気がした。

つらいとき、いつも応援してくれるみんなの顔が思い浮かんだ。励ましの言葉をかけていただいた思い出に浸っては元気をもらった。自分ひとりではなく、みんなと一緒にチャレンジすることができたからこそ、完走することができた。こうして人生をかけたチャレンジができ、本当に僕は幸せだ。

結果は３８４時間45分。16日45分で第６位だった。ブリジッドは翌日にゴールを果たした。マレックは本当に残念だが、足を痛めて途中リタイアとなってしまった。彼と一緒の３日間がなかったら僕のゴールは無理だった。彼には感謝しかない。

そして優勝はティエリーとドミニク。ふたり同着でのゴールだった。記録はなんと２９９時間！　僕より３日も早い12日11時間という驚異的なタイムだ。特に10歳以上も先輩である50歳のティエリーの走りを目の当たりにして、自分もまだまだやれると勇気をもらった。彼は２００５年から砂漠や山岳などの長距離レースに挑み始め、年々成績を上げてきた。２０１９年にカナダで開催された寒冷地の約７００キロレース「Yukon Arctic Ultra（ユーコン・アークティック・ウルトラ）」では優勝するまでに上りつめた。そして今回も優勝だ。年齢を重ねるたびに強くなっている。トレーニングとレースを積み重ねることで、準備力も判断力も忍耐力も鍛えられ、成長できることを証明してくれている。そんな彼とは２０２０年に僕が出場を予定しているヒマラヤ山脈８５０キロ「ヒマル・レース」で再び一緒に走ることもわかった。次はもっと勝負できるようになりたい。

僕はまだ35歳。もっともっと強くなれる！　これからなんだ！

記録係の大役を務め果たしてくれた大和田くんとも、ようやくゆっくり話をすることができた。彼は彼で、慣れない砂漠で野宿をしたり、撮影や衛星通信に悪戦苦闘したり、僕を撮影するために外国人スタッフたちと交渉したり、とても苦労が多かったようだ。真っ黒に日焼けして、たくましい顔立ちになっていたのだが、何よりも驚いたのは、スタート時は会話もままならなかった英語が格段に上達していたのだ。人間の環境適応能力と可能性はすごいものだ。彼もまた大きなチャレンジを始めているのだ。

このレースではっきりわかったことがある。

たったひとりで始めた僕のチャレンジは、いつしか同じような冒険心を持つ多くの仲間をひとり、またひとりと引き寄せていた。レースは孤独だ。だけど、僕のレースはもう孤独じゃない。「それはアドベンチャーとは呼べない」という方もいるかもしれない。ただ、僕の、そう、凡人ランナーとしての僕が目指す前人未走のアドベンチャーの形はこれでいいんだ。この形こそが、いいんだ。そう実感できた、本当に仲間と臨めた１０００キロだった。

RESULT

「ラ・ワンサウザンド」

日時：2019年11月5日〜11月22日

場所：モーリタニア　サハラ砂漠

距離：1000キロ

順位：6位（参加選手全18名）

合計タイム：384時間45分

RACE MOVIE ▶

「ラ・ワンサウザンド」の
動画はこちらから！

KITADA TAKAO

第8章

見えない極地「新型コロナウイルス」との戦い

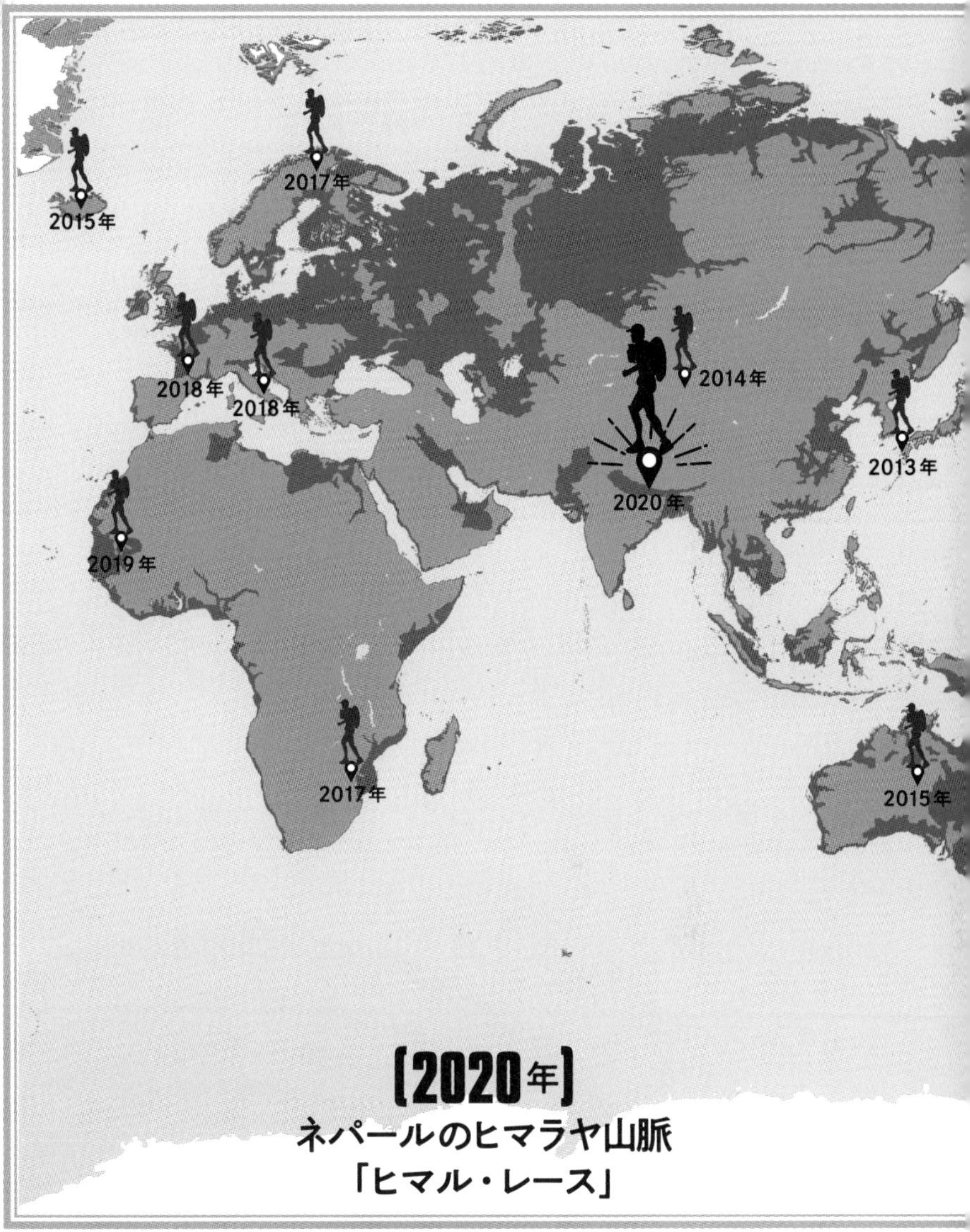

【2020年】
ネパールのヒマラヤ山脈
「ヒマル・レース」

850km

最大の挑戦ヒマラヤ山脈と新型コロナウイルス

4大極地最高峰レースの3番目として挑むのは、山岳最高峰レース「ヒマル・レース」。舞台は地球上で最も高くそびえるヒマラヤ山脈。8000メートルを超える山々を望みながら、酸素量が通常生活の半分にもなる5000メートル級の峠をいくつも越え、強風吹き荒れる氷河地帯を進み、850キロ先のゴールを目指す。高所での気温はマイナス10℃、すべての上りの高さを合計した累積標高は建物1階の高さを約3メートルとして計算すると、なんと1万3000階建マンションに相当する4万メートル。さらに高山病のリスク、険しい山道での滑落や遭難の可能性もある。そんな厳しい環境下で24日かけて競う。

レースに参加できるのは、標高4800メートル以上の高地経験と超長距離レースの実績、救命講習の修了など、様々な条件をクリアしている強者のみ。僕は2013年にキリマンジャロ5895メートルの登山経験と、「ザ・トラック」での521キロや7大陸のレース走破の実績があったためその条件を満たしていた。世界で50人の参加者に日本人として初めて名を連ねることができたのだった。前年の「ラ・ワンサウザンド」が終わってひと段落した2020年1月から、5月10日開催のこのレースに向けて試行錯誤の準備をしていた。

結論をいえば、このチャレンジは達成できなかった。そう新型コロナウイルス感染症の影響を受けレース自体が中止、延期になったからだ。その経緯を少し振り返る。

2月7日。一から高所について学ぼうと、東京にある登山家・三浦雄一郎さんの高地トレーニング施設「ミウラ・ドルフィンズ」に向かった。自分の体が持つ高山病耐性を調べ、高所の低酸素環境での知識を身につけることができる施設だ。4000メートル相当に設定された低酸素室でテストを行い、安静時、運動時、仮眠時の3パターンで血中酸素濃度と心拍数を測定して診断してもらう。残念ながら、やはり僕には超人的な能力はなく、すべて普通だった。アスリートの普通でなく、非アスリートの普通の結果だった。しかも運動時に酸欠に陥りやすく、就寝時に頭痛を起こす傾向があるとのこと。それを克服するには酸素をより取り込む呼吸法を身につけることと高所での睡眠訓練をする必要がある。

2週間後の2月21日。再び同施設で、本番に近い標高5000メートル相当の環境でのトレーニングを行った。この高さになると酸素量は平地に比べて約半分ほどになるまで薄くなる。テーマはレースで一番重要となる高所での運動時の呼吸法を身につけること。酸素を多く取り入れるためには、吸うのではなく吐く。口をすぼめてフ――ッと吐き出す。同時に腹斜筋を使いながら脇腹を絞るように行う。こうすることで、肺にある二酸化炭素が多く外に出るので、次の呼吸で多くの酸素を取り込むことができる。これでもまだ酸素が足りない場合は、フッフーッと2回連続で吐き、肺にある二酸化炭素をより多く排出する。走るリズムに合わせて呼吸をすることで、より酸素を体に取り入れることが楽になる。

ランニングマシーンの速度と斜度を変えながらトレーニングを開始した。まずは斜度2パーセントで時速7キロのジョギング、そして斜度7パーセントで時速6・5キロの速いウォーキング。通常のトレーニングからすればかなりゆったりのペースだが、平常時の呼吸では数分経過すると頭がボーっとし、指先がしびれてくる。特に斜度7パーセントでは苦しさが増したが、習った呼吸法を意識すると1分ほどで苦しさは消えていく。この感覚と呼吸を繰り返し練習した。

次は５キロのリュックを背負って同じ内容のトレーニング。ものすごくつらい。ものの数分で酸素が全身に行き届いていないことがわかる。呼吸を緩めようものなら、すぐに意識がボーッとしてくる。１時間ほどトレーニングをして酸素不足による高山病の感覚と、それに対処する呼吸法はわかった。だが上りが弱いという弱点の改善とリュックを装着しても安定して行動できる体力づくりは必要だ。約２ヶ月半後の本番に向けて、訓練を重ねていかねばならない。

このころから新型コロナウイルス感染症のニュースが国内でも多く出始めていた。

２月17日に東京マラソンの一般参加枠が中止になった。だが、まだそこまで深刻な状況にはなっておらず、５月の「ヒマル・レース」に関してもわずか参加者50名規模のため、開催に向けて検討しているとのことだった。報道を見るたびに僕の心も少し揺らぎ始めたが、とにかく気持ちを切らさずにレースを目指していこうと、航空券やホテル、装備など、ひと通り必要なものは準備した。

３月３日からは、２泊３日の雪山合宿を行った。場所は長野県と群馬県の境にある浅間連峰。日本では数少ない標高２０００メートルを超える高原ホテルに滞在しながら、

２５００メートルまでの山々をたどることができる。合宿では高所訓練に加えて、マイナス10℃の雪中での、シューズの防水性や靴下の組み合わせ、チェーンスパイク（軽アイゼン）、ウェアの選択や重ね方のチェックと実験も行う。

３日間は晴れ、曇り、吹雪と天候が変わり、様々なシーンで実験することができた。チェーンスパイクで雪の坂や稜線《りょうせん》を走ると最初は怖かったが、徐々に慣れた。コツは小さな歩幅で、体重が体の真下、足裏全体に載るようリズムよく走ること。恐る恐る進んでしまうと、どうしても重心が体の後ろに残り、かかとに全体重がかかり雪がずれ落ち滑る。

シューズについても学ぶことができた。本番では１足で標高の低い地帯も走ることになるため、「ゴアテックス」（透湿防水素材）仕様だと高所の濡《ぬ》れや寒さは防げるが、気温の高い地帯では蒸れて足のマメのトラブルが起こるリスクがある。様々な側面から考慮した末、防水性能のない既製シューズのサイズを０・５センチアップさせ、防水機能にすぐれた靴下とその重ねばきなどで対応することにした。

ここから、事態は日に日に変わっていった。

3月10日。ネパール政府は日本国籍者のアライバルビザ（ネパール到着時のビザ発給）を停止。日本でのビザ取得が必要となった。隣国のインドでは日本人に発給したビザを無効化する事態も起こった。今ビザをとっても使えるのか、今後とれなくなる可能性もあるのでは、などレース以外での不安が一気にやってきた。ただ万が一開催された時、スタートラインに立てないという事態だけは避けたい。

3月13日。大会は開催予定のまま。しかしレースに参加するためネパールに入国するには、入国7日前以内に日本国内でＰＣＲ検査を受けて陰性であること、かつ、入国後は14日間の自主隔離が必要であることがわかった。選手の集合は5月2日となっていたので、その14日前、つまり4月18日までに入国する必要がある。しかし、そもそも国内でＰＣＲ検査を受けることは容易ではない。増加する感染者で病院など医療体制も逼迫《ひっぱく》していた。健康な僕がＰＣＲ検査を受けることができるのか？　航空券やスケジュールを調整できるのか？　さらにエベレストへの入山禁止のニュースも流れてきた。レースではエベレストのベースキャンプのある５３６４メートル以上に行くことはないため禁止区域ではないと思われるが、生死に関わるだけに不安は募る。

3月18日。主催者からメールが届く。「開催に向けあらゆる可能性を検討しており、3

月30日に最終決定をする」「ネパール政府の措置を尊重し、2週間の自主隔離をお願いする」という内容だった。日本国内でも1日ごとに未曾有《みぞう》の緊急事態になってきていた。

3月19日。再び主催者からメールが届く。レースの1年延期が決定した。理由は「外国人がもし新型コロナウイルスを持ち込んでしまうと、医療体制が整っていないネパールは深刻な状態になること。また、体を鍛えているアスリートでも、高所で呼吸困難に陥ると命に関わること」だった。メールを読み終えた僕は、経験したことのない不思議な気持ちに襲われた。直前に迫っていた目標が急になくなったことで、心にぽっかり穴が空いたような残念な気持ちと、目に見えない新型コロナウイルス禍でのレース参加という不安から解放され少しホッとした気持ち、そのふたつが入り混じっていた感情だ。以後、数日間はトレーニングもせずぼーっと過ごした。

新型コロナ禍でも挑戦し続けることはできる

日本でも世界でも、事態はもっともっと深刻になっていった。ただ中止から数日後、僕は気をとりなおし、プロとして自分に今できることは何かを考えていった。結論はやはり「チャレンジを続けること。それを応援してくださるみなさんと共有すること」だった。

緊急事態宣言が大阪でも発令され、外出自粛になる少し前の３月末。僕は自宅でできるトレーニングとして「階段エベレストチャレンジ」を行った。ヒマラヤのレースにチャレンジできない代わりに、階段や踏み台昇降台を使って、エベレストの高さ８８４８メートルを目指すチャレンジだ。これなら緊急事態宣言下でも問題ない。３つのステージに分けて、できる限り本番に近い環境で行うことにした。

第１ステージのスタートは10時。自宅マンション１階分にあたる階段14段を１３００往復する。これで高さは富士山の３７７６メートル相当となる。本番さながらに、食料を詰めた２〜３キロのリュックを背負い、景色はまったく変わらないマンションの階段を黙々と登り降り、登り降り、登り降りすること６時間37分。階段１万８２００段を登りきった。

第２ステージは、高所によって酸素が薄くなることを踏まえて口元にバフマスクをつけてのチャレンジ。山での風も意識し、扇風機の風を自分に当てながら、室内で踏み台昇降運動をした。６５００段、高さ１３００メートル相当を６時間21分でクリアした。

そして最後の第３ステージ。これまでで高さ５０７６メートルを登り終えたので、残りは３７７２メートル。標高５０００メートルを超えている想定のため、さらに条件を厳しくした。安静状態でも息苦しい本格的な低酸素マスクをつけ、リュックを重さ５キロにし、両足首に５００グラムの重りを追加して階段の登り降りをする。これでより大きな負荷を実現できたが、走ることはできず、ゆっくり歩くことしかできなかった。ご近所に迷惑をかけないよう夜は控えたため、第３ステージは２日間かけ19時間４分におよんだ。そうして合計の高さ、エベレストの８８４８メートル、４万２９００段を32時間２分で登り終えた。

なんてバカなトレーニングを！と苦笑された方も多いのではないか。しかし僕はいたって真剣だ。実際どんなレースより単純作業のチャレンジであり、やめようと思えばすぐにやめることもできる。そんな環境でのトレーニングは終始、自分自身と向き合わなければならず、メンタル面がものすごく鍛えられるのだ。コロナ禍で制限がある状況でも、工夫次第でトレーニングは愚直に続けていくことはできるのだ。

４月17日。「ヒマル・レース」に続き、９月に予定していたドイツ・チェコ・オーストリアの3カ国を走る1001キロの「Mega Race（メガ・レース）」も1年延期となった。これで2020年にチャレンジを考えていた大きなレースはふたつともなくなってしまった。だが、僕にはもう焦りや喪失感はなかった。むしろ、これで今までできなかった取り組みができる、そう思えるようになったのだ。

そうして新たに3つのことをスタートさせた。

まず最初に取り組んだのが応援してくださるみなさんとの交流だ。5月からアドベンチャークラブメンバーと1~2ヶ月ごとの「メンバー会」をオンラインで始め、僕が今取り組んでいることや考えていること、公には言えないことなどを共有する場を作ってみた。これまでは時間がなかなか作れず、またツールの問題もあり取り組めなかったのだが、コロナの影響下で落ち着いた時間がとれるようになり、Ｚｏｏｍなどのオンラインミーティングサービスが広く普及したおかげで、実現できる良いタイミングとなった。実際にやってみると、ＳＮＳなどでは表現しづらい些細《ささい》な悩みや考えなどをわかち合えるのはすごく嬉《うれ》しく、パワーをもらえるものだった。集まったメンバーの多くはランナーで、外出自粛によって人と一緒に走る機会がもてず、みなフラストレーションを抱えていた。僕も同じだった。そこで「何かオンラインで走るイベントをしたいんですよね」

と提案すると、「ぜひみんなでやりたいね。オンラインでも楽しそう！」と話は盛り上がり、一緒にイベントを作ることとなった。

２週間後の5月30日。おもにフェイスブックを使ったオンラインイベントを実施した。本来なら5月に挑戦していた「ヒマル・レース」の８５０キロを目標に設定した、題して「北田雄夫チャレンジ　みんなで走ろう８５０キロ」。多くの市民マラソン大会が中止になり、また仲間が集まって一緒に屋外を走れない状況のため、密を避けて個人で走り、その結果をオンライン上で集計しようというもの。ルールは参加費無料、誰でも参加ＯＫ、１キロでもいいので、それぞれが走った距離をアドベンチャークラブのフェイスブック上に投稿してもらい８５０キロを目指すもの。もし合計距離が８５０キロに達しなければ、僕が残りの距離をひとりで走る罰ゲームつきだ。結果は、参加者２２７人、総距離はなんと４７３１キロにもなった！

「みんなも走っていると思ったらがんばれる！」「普通は5キロを走るのが限界なのに、8・5キロも走れた」「コロナでやめてましたが、また走り始めるきっかけになりました」などの声が寄せられた。

この成功を受け7月19日には第2回目のイベントを開催した。今度は距離８５０キロに加えて、累積標高４万メートルのチャレンジも加えた。結果は参加者１８３名、３５６７キロ、累積標高10万２３８２メートル！　この時は7月上旬に発生した豪雨災害の支援金も同時に募り、３万６６３０円を寄付することもできた。全国各地の多くのランナーがオンラインでも一緒に走ることでランニング業界や世の中が元気になる。微力だが、今後もそんなきっかけを継続して作っていく予定だ。

ふたつ目は、アドベンチャーマラソンのポータルサイトと協会の立ち上げだ。

僕自身がずっと苦労してきたからなのだが、日本では、世界各地で開催されるアドベンチャーマラソンのレース情報を見つけることがとにかく大変なのだ。ほぼすべての大会は公式サイトで申込み受付をしているのだが、当然日本語で検索しても出てこないし、英語で検索してもなかなかヒットしない。フランス語やスペイン語の公式サイトも少なくないからだ。だから僕はレースのたびに参加者からほかのレースの情報を聞き込んできた。

公式サイトにたどり着いてからも、事細かには表記されていない大会独自のルールを調べたり、日本では販売されていなかったり、準備が難しい必須アイテムを探したりすることも必要となる。さらにレースごとに環境に適したウェアや食料など、選ぶべきアイテムが異なる。

僕にはこれまで多くの時間とお金を注ぎ込んできた経験がある。それほどアドベンチャーマラソンには人生を変えるほどの価値があるからだ。現に自分の人生は変わり、僕と同じようにアドベンチャーマラソンにチャレンジしていく仲間たちも増えてきた。だから、これまでに蓄積してきた情報や経験、ノウハウまでをオープンにして、次世代に伝えられたらと思っているのだ。

そして3つ目は地方の魅力を僕なりに発信すること。コロナの影響で旅行や移動がしづらい状況になり、大きなダメージを負った業種に観光業がある。今すぐは無理でも、コロナが収まったときに、みんなが地方を旅してみたくなるように、トレーニングもかねて日本各地を走って、地域の魅力を国内外に発信するのだ。もともと歴史街道など日本各地を走ってきたが、走れば走るほど現地の魅力にふれ、魅了されてきた。少しずつ成長してきた動画の技術なども活かして、日本中、世界中のランナーが「日本各地を訪れたい！」と思ってもらえるような発信を目指す。

その第1弾として、街道沿いにある温泉地や食文化に興味を抱いていた「長崎街道2

３０キロ」を選んだ。挫折しそうな僕の心をいつも奮い立たせてくれた坂本龍馬も通った道だ。県外移動が可能となった6月19日から走って、僕のＹｏｕＴｕｂｅチャンネルでレポートした。

　これは本当に偶然なのだが、スタートの日に長崎街道は日本遺産として認定された。福岡県の小倉から出発し、佐賀県を通り、長崎市を終点とする街道で、別名シュガーロードと呼ばれる。長崎の出島で荷揚げされた砂糖が広まり、生まれたパフェや丸ぼうろなどの食を堪能したり、日本三大美肌の湯であるさ嬉野《うれしの》温泉では初めて足蒸し湯を体験したり、「西の箱根」と言われる日見峠の険しさも味わった。さらに佐賀ではフェイスブックで知り合ったランニンググループ「ランサガ」のメンバー5人と一緒に走った。9億本も売れている佐賀が誇るアイス「ブラックモンブラン」をみんなで食べたり、佐賀市内に828体もある恵比須像の一部をめぐったり、ローカルならではの体験が思い出深いトレーニングにしてくれた。この取り組みは、日本最大級のランニングポータルサイト「ＲＵＮＮＥＴ」でも取り上げていただいた。次に計画しているのは、「山陰道６００キロ」だ。全国各地のランナーと触れ合いながら、知らない道を走ることができたらどんなに素晴らしいことだろう！

地球のはしからはしまで走って考えたこと

地球は広い。

砂漠を何日、何十日走っても果ては見えない。山をいくつ越えてもまた次の山がある。しかし、今の僕は単に物理的な広さだけではなく、人の繋《つな》がりや冒険心など目に見えない部分でも、地球の広さや奥深さを感じるようになった。

新しい世界に飛び込むことなく、自分のまわりの世界だけで生きてきた20代の僕はよくわかっていなかった。自分の弱さをさらけ出してみると、応援してくれる方がいることを。外に飛び出してみると、そこには新しい出会いがあふれていることを。ろくに走れなくても長距離レースに参加する人、60歳を超えてもなお高みを目指す人、言葉が話せなくても海外レースに飛び込んでいく人、世界には様々な人がいた。過去の自分では考えられないような生き方をしている人たちが現実にごろごろいた。

彼らに共通していることがある。

みんなまわりの目なんて気にしてはいない。自分はできない、自分は弱い、そのことを真正面から受け入れた上で自分なりの挑戦をしている。決して独りよがりではない。家族や友人に感謝しながら生きている。過酷な自然環境で死をリアルに感じるから、むしろ生きるありがたみをより深く感じている。プライドや見栄など無駄な飾りや邪念は捨てて、ただ人間としての命をまっとうしようとしている。そんな人たちに出会うことで、僕も「この命をどう使い切るか」と本気で思うようになった。

7大陸のレースを走破したとはいえ、もちろん本当に「地球のはしからはしまで走った」わけではない。世界地図だと小さな小さな点でも描けないほどのことで、地球のほとんどは行ったことのない場所だ。でも、世界の大自然や極地に行くことが挑戦のすべてじゃない。ほんの少しの冒険心さえあれば、地球のどこにいたって未知なる挑戦はいくらでもできる。僕が自宅で行った「階段エベレストチャレンジ」だってそうだ。自分の家の階段と部屋でもエベレストの高さには到達できるのだ。

新型コロナウイルスによって、働き方から生き方まで、どうすればよいのか判断が難しい新たな時代に突入した。正解も不正解も誰にもわからない。確実なのは、社会や価値観が変わっていくということだけだ。僕はこの新たな時代の前に、アドベンチャーマラソンに挑戦していて本当に良かったと思っている。この経験がなければ、新型コロナ禍という目に見えない極地で、実際に目標とするレースに挑戦できない現状に、ただたじろいで前に進めないでいただろう。不安とやりきれない想いと、見えない何かや自分の不運を恨んだり、何かのせいにしていた気もする。もちろん悔しい思いはある。それでも多くの仲間とともに、前を向き、〝走る〟ことがもうできているからだ。

地球のはしからはしまで走って考えたこと、わかったこと。

それは〝世界とは自分自身の中にある無限の広さを持つものだ〟という実にありふれた答えだ。しかし、世界の極地を走ってきて試行錯誤してきた経験と、新型コロナウイルス感染症で物理的な挑戦ができなくなり、見えない極地に立たされたからこそ、本当の意味で実感できたことでもある。

成功者はよく言う。目標を明確に！　その通りだと思う。だが凡人の僕には、目指すべき目標がはっきり持てなかった。亀のようにゆっくりと前に進むことしかできなかった。ただ一歩一歩、地道に歩み続ければ、いつかは想像を超えた場所と、未知なる自分自身とにたどり着くことができる。

凡人は走る。今日も明日も明後日も。死ぬまで一歩一歩、前に進むつもりだ。

RESULT

「長崎街道ラン」

日時：2020年6月19日～23日

場所：福岡県、佐賀県、長崎県

距離：230キロ

RACE MOVIE ▶

「長崎街道ラン」の
動画はこちらから！

おわりに

チャレンジを続けるということ

コロナの影響は世界で今もなお続いている。だから現時点でどうなるかはわからないが、サハラ砂漠１０００キロの「ラ・ワンサウザンド」をカメラマンとして同行したサラリーマンの大和田くんと、２０２１年３月、極寒のアラスカで開催予定の「アイディタロッド・トレイル・インビテーショナル」５６０キロへの挑戦を検討している。

大会から撮影帯同の許可がおりなかったため（選手へサポートができる可能性があるためだ）、彼はバイク（自転車）部門に選手として参加すれば撮影できるのでは？と考えた。そこで今、彼は身体を鍛え、特殊なバイクを乗りこなすトレーニングをしている。極寒の環境やレースでのリスク対策にも励んでいる。５６０キロを無事にクリアできれば、僕以上の快挙だ。そしてもし、２０２２年に最長の１６００キロを共に参戦することができ、ゴールができるなんてことがあるならば、僕はフット部門で日本人初走破、大和田くんはバイク部門で日本人初走破となる。こんな無謀なことは誰もやろうとしない。だからこそ僕はワクワクしてしまうのだ。僕がひとりでチャレンジを続けることで、生まれた仲間と別のチャレンジができている。僕の「アドベンチャーマラソンへのチャレンジ」が僕だけの物語ではなくなっていることが本当に嬉《うれ》しい。

もちろん、僕自身のゴールはそこではない。今は世界4大極地の最高峰レースに挑む「アドベンチャー第2章」だが、それが終われば、第3章、第4章へと物語は続いていく。だから今回、綴ってきたことは、まだまだ序章で冒険の途中なのだ。

「チャレンジは面白い！」

この本で伝えたいことは本当にこれだけだ。命さえ落とさなければ失敗してもいい。成功しなくてはいけない、失敗は絶対にしてはいけない、みたいな考えは僕にはなく、挑戦して成長することこそが重要だと考えている。結果はどうあれチャレンジしたあとには、必ず学びや気づきがある。出会える人も、見える世界も変わる。その成長がとにかく面白いから、僕は挑み続けるのだ。

最後に。僕がこの「アドベンチャーマラソン」で生きる道を切り開くことに、力を与えてくださった多くの先輩方や友人に感謝を伝えたい。レースを始めたころは右も左もわからない状況だった僕に、いつも温かく丁寧に教えていただき、また挑戦する姿勢を学ばせていただきました。これからも先輩方の背中を追わせていただきながら、同時に次の世代へと繋げるようにします。

これまで僕を応援してきてくださった皆様、本当にありがとうございます。つらさのあまり走りながら涙をこぼすこともありました。人にいくら話しても理解してもらえない日々もありました。でもいつも変わらず応援してくださる皆様がいると思うだけで、僕は走り続けることができています。

スポーツライターの上野直彦さん。僕が『週刊少年ジャンプ』が大好きなので、「自分の本を作ることができるならまずは集英社に話を聞いてもらいたい」と無謀な提案をしたところ、その機会を繋《つな》いでいただきました。本当にありがとうございました。

そして僕の大切な家族。両親、兄に加え、今年の8月30日（冒険家の日）に結婚し、僕の新しい家族となってくれた愛する妻。挑戦を続けることで結婚もできた！とは言いませんが、どんなときも支えてくれる家族がいるから、挑戦を続けられることは間違いありません。本当にありがとう！

この人生、未知なるチャレンジをし続けていきます。

北田雄夫アドベンチャーマラソン 全レースリスト

大会名	期間	場所	距離（Km）	ステージ数	参加者数	順位	合計タイム
Gobi March	2014/6/1~7	中国・ゴビ砂漠	250	6	112	51	47時間41分20秒
Atacama Crossing	2014/10/5~11	チリ共和国・アタカマ砂漠	250	6	165	64	48時間39分20秒
The Track	2015/5/6~15	オーストラリア・ノーザンテリトリー州	521	9	24	10	79時間38分00秒
Fire + Ice	2015/8/31~9/5	アイスランド	250	6	26	3	26時間24分46秒
Sahara Race	2016/5/1~7	ナミビア・ナミブ砂漠	250	6	214	—	—（途中参加のため）
Grand to Grand Ultra	2016/9/25~10/1	アメリカ・ユタ州	273	6	130	8	38時間05分42秒
The Last Desert	2016/11/21~26	南極	250	6	61（2チーム）	2	（走行距離176.1km）
Ice Ultra	2017/2/24~28	スウェーデン・北極圏	230	5	27	3	37時間19分00秒
Ultra Africa Race	2017/11/5~9	モザンビーク	220	5	18	3	26時間08分45秒
Alvi Trail Liguria	2018/6/9~16	イタリア	400	8	38	15	65時間55分00秒
Trans Pyrenea	2018/7/30~8/16	フランス・ピレネー山脈	866	1	—	—	425時間（自主レース）
Tuscobia Winter Ultra	2018/12/28~30	アメリカ・ウィスコンシン州	256	1	34	15	64時間56分00秒
Iditarod Trail Invitational	2019/2/24~28	アメリカ・アラスカ州	240	1	9	4	76時間47分00秒
Jungle Ultra	2019/6/2~6	ペルー・アマゾン	230	5	51	6	36時間28分53秒
La 1000	2019/11/5~22	モーリタニア・サハラ砂漠	1000	1	18	6	384時間45分

今後の参加予定レース

大会名	期間	場所	距離（Km）	ステージ数	予定参加者数	順位	合計タイム
Iditarod Trail Invitational	2021/2~	アメリカ・アラスカ州	560	1	10~20		
Himal Race	2021/5~	ネパール・ヒマラヤ山脈	850	24	50~60		
Mega Race	2021/9~	ドイツ・チェコ・オーストリア	1001	1	110		
Iditarod Trail Invitational	2022/2~	アメリカ・アラスカ州	1600	1	数名		

本書は書き下ろしです

北田雄夫（きただ・たかお）

1984年生まれ、大阪府堺市出身。
中学から陸上部に入り、近畿大学3年時に
4×400メートルリレーで日本選手権3位。
就職後は一度、陸上から離れるも
「自分の可能性に挑戦したい！」と再び競技を始める。
2014年、30歳からアドベンチャーマラソンに参戦。
会社を退職し、競技に専念する。2017年、日本人として初めて
「世界7大陸アドベンチャーマラソン走破」を達成。
現在は「世界4大極地最高峰レース走破」にチャレンジ中。
また、「アドベンチャークラブ」では、
前人未到の挑戦へ、一緒に夢を追ってくれる仲間も募集中。

https://takaokitada.net/

公式LINEはこちらから!

ブックデザイン　國吉卓
カバー撮影　大和田資
校正　鷗来堂
構成・編集　宮崎幸二

写真
Gobi March www.racingtheplanet／Zandy Mangold
Atacama Crossing www.racingtheplanet / Thiago Diz
The Track Vincent Kronental
Grand to Grand Ultra Photo courtesy of Grand to Grand Ultra
The Last Desert www.racingtheplanet / Myke Hermsmeyer
Ice Ultra Mikkel Beisner / Beyond the Ultimate
Ultra Africa Race RaceDino Bonelli
Jungle Ultra Beyond the Ultimate
La 1000 Tasuku Owada

地《ち》球《きゅう》の
はしからはしまで
走《はし》って考《かんが》えたこと

2020年10月31日　第1刷発行

著　者　北《きた》田《だ》雄《たか》夫《お》
発行者　樋口尚也
発行所　株式会社　集英社
〒101-8050 東京都千代田区一ツ橋 2-5-10
電話　編集部　03-3230-6143
読者係　03-3230-6080
販売部　03-3230-6393（書店専用）
印刷所　中央精版印刷株式会社
製本所　株式会社ブックアート

定価はカバーに表示してあります。

ISBN978-4-08-788046-5　C0095